어찌 이방이 사또를 치리오

비판적 사고를 깨우는 논리 이야기 1. 기초편

어찌
이방이
사또를
치리오

김광수 지음

사□계절

마침내 우리의 삶에서도 논리가 작동되기 시작했다. 사회 곳곳에서 대화와 토론을 통한 합리적 의사 결정 방식이 일상화되고 있다. 이건 정말 대단한 일이다. 이기심과 독단과 편견으로 닫힌 개인들이 함께 '우리'의 세계를 이루고자 하는 일이기 때문이다. 이는 또한 세계사적으로 놀라운 빅뱅을 예고한다. 야생마 같은 우리 민족의 기상에 '논리'라는 날개가 달린다고 생각해 보라. 논리의 갑주로 무장한 우리 민족의 신바람이 세계를 호령하게 될 것이다. 그렇게 꿈꿔 본다.

그러나 이 꿈을 현실로 만들기 위해서는 그만한 품이 들어야 한다. 무엇보다 먼저 의사 결정의 방법을 배워야 한다. 다양한 견해들 중에서 어떤 것이 가장 바람직한지 논리적으로 판단할 줄 알아야 한다. 논리가 부족한 대화와 토론은 서로가 동의할 수 있는 결론을 이끌어 내는 대신 갈등의 골을 더욱 깊게 할 따름이다.

그러나 논리는 어렵지 않은가! 대부분의 독자는 논리 기호만 봐도 골치 아파한다. 『논리와 비판적 사고』(철학과현실사)의 저자로서 필자는 대학 새내기들을 가르치면서 '논리와 비판적 사고를 쉽고 부담 없이 체득하게 할 수

5

있는 방법이 있으면 얼마나 좋을까!' 하는 소망을 가졌다. 이 책은 이 소망을 실현시킬 목적으로 쓰여졌다.

독자들은 한 철학 교수 가 달래 와 바우 라는 학생들과 주고받는 대화와 토론을 따라가는 가운데 자연스럽게 논리적·비판적 사고를 익힐 수 있을 것이다. 그림을 곁들이고 가능하면 재미있고 쉬운 예들을 들어서 가볍고 편안하게 읽을 수 있도록 노력하였다. 그렇다고 해서 이 책의 수준이 낮다고 생각하는 것은 잘못이다. 이 책을 충분히 소화한 독자라면 세상 돌아가는 이치를 어느 정도 논리적 틀로 생각하고 평가할 수 있으리라 감히 자신해 본다.

1권에서는 연역 추리, 귀납 추리, 유비 추리, 가설 추리 등을 식별하여 분석·평가하는 기본적 방법을 공부하게 된다. 2권에서는 이 기본적 방법을 좀더 깊이 연구하여 다양한 상황에서 응용하는 방법을 공부한다. 생각거리에 나온 문제들을 직접 풀어 본 다음 길잡이에 실어 놓은 설명과 비교하는 방식으로 공부하면 훨씬 큰 효과를 맛보게 될 것이다.

이 책은 많은 분의 도움으로 나오게 되었다. 1995년 1월부터 1996년 8월까지 〈한겨레신문〉에 연재한 「김광수 교수의 논리와 글쓰기」, 수년 간 〈철학과 현실〉에 연재한 「청소년 논리 교실」을 바탕으로 1997년에 『증명과 설명』·『탐구의 논리』(철학과현실사)를 내놓았었는데, 기대와는 달리 독자의 많은 관심을 끌지 못했다. 그러던 중 사계절출판사에서 이 책들에 새로운 생명을 불어넣자는 제안을 해 왔다. 가볍게 내부 수리 정도의 수정 작업을 생각했는데, 결과는 대수술이었다. 철학과현실사 전춘호 사장님의 아량에 깊은 감사를 드린다. 그리고 사계절출판사의 강맑실 사장님과, 독자의 입장에서 꼼꼼히 읽고 첨삭해야 할 부분들을 지적해 준 기획자 이권우 씨와 편집자 정은숙 씨, 그리고 그림을 그려 준 정우열 씨에게 감사 드린다.

논리는 어렵다. 그러나 논리가 부족한 세상살이는 더 어렵고 사람을 답답하게 만든다. 이 책이 올곧고 지혜로운 판단으로, 감성과 이성이 조화된 아름답고 정의로운 '우리들의 삶'을 창출하는 데 조금이나마 도움이 될 수 있기를 바란다.

2004년 10월 12일 분당 샛별마을에서
김광수

7

차례

● 첫째 마당

사람은 왜 '왜'라고 물을까요?

선생님, 저는 달래입니다. 선생님께 직접 논리를 배울 수 있게 되어 정
말 기쁩니다.

 저는 바우입니다. 솔직히 말씀드리면, 저는 불만입니다. 다른 공부도
할 것이 많은데, 왜 논리까지 공부해야 하지요?

 왜 논리 공부를 해야 하는가? 바우가 다른 공부 걱정을 하니까 말해
주지. 논리를 알면 다른 공부도 더 쉽게, 더 잘 할 수 있거든.

 정말인가요?

 그렇고말고. 왜 그런지 함께 생각해 볼까? 너희들, 부조리극인 『고도
를 기다리며』를 알고 있니?

 들어는 보았습니다.

 그 극을 쓴 사무엘 베케트란 사람이 어느 날 파리 거리에서 낯선 청년
의 칼에 찔려 병원으로 실려 갔단다. 병상에 누워 있는 동안 그는 내내
궁금해서 견딜 수가 없었어. '그 청년은 왜 나를 찔렀을까?' 아무리 생
각해도 이유를 알 수 없어서 퇴원하자마자 감옥에 갇혀 있는 청년을

찾아갔어.

"여보게, 젊은이, 왜 나를 찔렀나?"

청년은 한동안 물끄러미 베케트를 쳐다보다가 대답했단다.

"모르겠는데요."

베케트는 이 대답을 듣고 어이가 없었어.

자, 베케트가 청년의 답변에 왜 어이없어 했을까?

인간은 '왜?'를 묻는 존재

 이유도 없이 사람을 찌르는 것은 말도 안 됩니다.

왜 그렇지?

그야, 너무 당연한 것이라…….

이 그림을 보면서 생각해 보자. 이 강아지, 참 답답해 보이지 않니?

네, 그래요. 반대 방향으로 돌아서 감긴 줄을 풀면 쉽게 먹이를 먹을 수 있는데 말이에요.

맞아. 그런데 왜 반대 방향으로 돌지 않을까?

바보니까 그렇지요.

강아지는 그렇게 하면 된다는 것을 알지 못하니까요.

그래. 일반적으로 인간 외의 다른 동물들은 문제를 해결할 방법을 궁리할 수 없어. 이성이 없기 때문이지.

그렇지만 똑똑한 개들도 많잖아요?

어떤 면에서는 그렇지. 개들은 보통 50만 가지 종류의 냄새를 기억하고 구분할 수 있다고 하니까. 그래서 마약 탐지견으로 맹활약을 하기도 하지. 그러나 이런 능력은 본능으로 주어진 거란다. 동물들이 본능으로 해결할 수 있는 범위를 벗어난 문제들을 해결할 수 없는 건 그 때문이야. 이 그림 속의 강아지처럼 말야.

인간 역시 본능이 있지. 그러나 인간은 본능 말고도 이성이란 게 있어. 그래서 인간은 본능만으로는 결코 해결할 수 없는 문제도 이성으로 해결할 수 있는 거야.

인간은 언제나 '왜?'라는 물음을 던지고, 이 물음에 대해 만족할 만한 답을 얻지 못하면 불안해하고 언제나 합리적 이유를 가지고 행동하려고 하는 존재야. 그런데 베케트를 찔렀던 청년은 이유없이 그런 행동을 했어. 그러니 어이없을 수밖에. 뒷날 베케트는 이렇게 회고했지.

"차라리 그 청년이 무슨 이유라도 댔더라면, 그 이유가 아무리 황당해도 나는 오히려 편안했을 것이다. 그의 행동은 최소한 '이유'가 있는 것이니까. 그런데 모르겠다니, 이 무슨 어이 없는 대답인가."

판단의 기준

인간이 '왜?'라고 묻는 이성적 존재라는 것과 논리가 무슨 관계가 있나요?

아주 깊은 관계가 있어. '왜?'라는 물음에 대한 답으로 어떤 이유가 제시되었다고 치자. 이런 경우 우리는 아무 이유나 무턱대고 받아들이는 것이 아니라, 정말 받아들일 수 있는지를 판단해야 하겠지?

당연히 잘 판단해 봐야 합니다.

그럼 이때 중요한 것은 무엇일까?

판단의 기준입니다.

맞았어. 그렇다면 구체적으로 판단의 기준은 어떤 것일까?

……?

판단의 기준에는 여러 가지가 있을 수 있어. 『이솝 우화』에 다음과 같은 이야기가 있지.

> 사자와 나귀가 함께 사냥을 떠났다. 사자는 힘이 세고 나귀는 빨랐으므로 금방 몇 마리의 짐승을 잡았다. 사자는 그것을 세 몫으로 나눈 뒤 이렇게 말했다.
> "첫째 몫은 임금이자 제일인자인 내 것이다. 둘째 몫은 너의 협력자로서 애쓴 값으로 나의 것, 그리고 셋째 몫, 이것 역시 내 몫이다. 너는 어서 다른 데로 꺼지는 것이 좋을걸!"

자, 이 이야기에서 사자는 어떤 것을 판단의 기준으로 삼아서 몫을 나누고 있지?

억지입니다.

맞았어, 사자는 지금 억지를 부리고 있지. 그러나 억지만 부린다고 제 뜻대로 될까?

사자가 아니라 나귀가 억지를 부렸다면 통하지 않았을 것입니다. 그러니까 사자는 자신이 힘이 세다는 걸 믿고 나귀를 힘으로 몰아붙이고 있습니다.

그렇지. 그렇다면 힘을 판단의 기준으로 삼아도 좋을까?

아닙니다.

그 이유는?

그건 힘이 세지 않는 나귀로서는 인정할 수 없는 기준이기 때문입니다.

맞았어. 물리적 힘이라는 기준은 사자만 동의할 수 있겠지?

그렇습니다.

아닙니다. 사자도 동의할 수 없을 것입니다.

왜 그렇지?

사자 중에는 힘센 사자만 있는 게 아니라 힘없는 사자도 있을 테니까요. 또한 상대가 나귀가 아니라 코끼리라면 이야기는 달라지겠지요.

바우가 농담만 잘하는 줄 알았더니, 아주 날카롭구나.

뭘, 그 정도를 가지고…….

정리해 보자. '왜?'라는 물음에 대해 어떤 이유가 해답으로 제시되었을 경우, 우리는 그 이유가 해답으로 받아들일 만큼 타당한 것인가에 대해 판단해야 해. 이때 무엇이 옳고 무엇이 그른지를 판단할 수 있게 하는 기준이 필요해. 그런데 이 판단의 기준은 힘·돈·외모·배경과 같은, 몇몇 사람만이 동의할 수 있는 것이어서는 안 되고, 당사자들 모두가 동의할 만한 것이어야 해.

그렇지만 당사자들 모두가 동의한다고 해서 반드시 좋은 판단 기준이 되는 건 아니지 않을까요? 모두가 다 바보들일 경우…….

맞았어. 아주 좋은 점을 지적했군. 예전에 인도 뉴델리의 한 마을에서 처남과 매부가 함께 사망하는 일이 있었지. 그들은 무슨 일로 말다툼을 했는데, 주민 재판에서 '물 속에서 더 오래 숨을 쉬지 않는 사람이 진실을 말하는 것'이라는 결정을 내리자, 물 속에 들어가 기를 쓰고 버티다가 결국 둘 다 숨졌다는 거야.[*]

이 사람들의 경우는 어리석었으니까 그렇다치고, 독일에서는 지금도 대학생들이 '학생 결투'로 갈등을 해결한다는구나. 물론 서양에서는 오래 전부터 결투로써 갈등을 해결하는 전통이 내려오고는 있지만 말이야. 정해진 규칙에 따라 칼이나 권총으로 싸워서 이긴 자는 '신의 판정'에 따라 이긴 것으로 인정받는 거지. 누가 진실을 말하는지, 누가 정의로운지, 누가 비열한지, 심지어는 어떤 방식의 제사가 옳은지를 가리기 위해서도 결투를 했다는데, 실제로 중세 유럽에서는 이런 방법이 법정에서 판결로 내려지기도 했다는구나. 제1차 세계대전 때까지만 해도 독일의 군법에서는 명예를 지키기 위한 결투를 인정했고, 1936년 나치 정권은 결투를 법으로 제도화하기도 했지. 지금은 금지되고 있지만, 독일 학생들은 여전히 결투를 하다가 생긴 얼굴의 칼자국을 용기의 상징으로 자랑스럽게 여긴단다.

결투는 당사자들이 동의해서 벌이는 싸움일 뿐이에요. 그러니까 결투에서 이겼다고 해서 반드시 옳은 것은 아니라고 생각해요.

서부 영화에서는 안 그래. '정의는 이긴다.' 몰라?

그건 영화잖아.

자, 이제 정리해 보자. 너희도 우리가 앞에서 검토해 본 여러 가지 판단의 기준이 모두 적절하지 않다는 걸 인정하지? 그건 너희도 알다시피 그 기준들이 모두 보편성을 결여하고 있기 때문이야. 판단의 기준은 언제 어디서나, 누구에게나 공정하게 적용될 수 있는 보편적인 것

---

[*] 동아일보. 1997. 10. 24

이어야 하거든.

선생님께서는 '논리만이 보편적 판단의 기준이 된다.'는 말씀을 하시려는 거지요?

눈치 한번 빠르구나!

왜 그렇죠?

그건, 논리가 보편적 추론의 규칙과 원칙으로 이루어져 있기 때문이야.

그러니까 보편적인 판단의 기준을 알지 못하면 이성이 제 역할을 할 수 없고, 이성이 제 역할을 하지 못하면 올바른 인간이 될 수 없다는 얘기지요? 물론 공부도 잘 할 수가 없구요?

그렇지. 그래서 논리를 알면 이성의 지팡이를 얻게 되는 거지.

'이성의 지팡이'…… 와, 멋있는 말이네요.

이성이 소경인가요? 지팡이를 짚게?

하하. 맞았어. 바우 말이 맞다.

논리는 '이성의 지팡이'

앞에서 우리는 인간과 다른 동물의 차이를 알아보았지?

네, 동물은 본능에 따라 살고, 인간은 본능 외에 이성이 있어서 본능으로 해결할 수 없는 문제들을 합리적으로 해결하며 살아갈 수 있습니다.

그래. 그렇다면 이런 차이가 어떤 결과를 낳았는지 확인해 볼까? 타임머신을 타고 먼 옛날, 아주 먼 원시 시대로 돌아가 보자. 여기는 열대 밀림 지대야. 침팬지 비슷한 모습의 인간이 보이지? 모두 벌거벗었구나. 동굴에서 잠자고, 나무 열매를 따먹고 살아. 홍수에 가족이 떠내려가고, 가뭄으로 굶어 죽기도 해. 병이 나면 앓다가 죽고, 다른 동물과 목숨을 걸고 싸우기도 해.

비참하군요.

그렇지? 이제 다시 우리가 사는 현대로 돌아와 보자. 인간은 거대한 도시를 일구어 살고 있어. 수많은 자동차가 거리를 누비고, 집집마다 텔레비전, 컴퓨터, 전화가 있고, 병원과 학교, 은행, 교회와 사찰이 있지.

총도 있습니다. 그래서 이젠 다른 동물과 벌이는 싸움이 싱겁게 되었습니다.

그래. 인간이 사는 모습은 이렇게 엄청나게 달라졌어. 그런데 다른 동물이 사는 모습은 어떻지?

큰 변화가 없습니다.

신기하지? 사람과 달리 동물은 옛날이나 지금이나 꼭 같은 방식으로 살고 있다니. 왜 그럴까?

동물에게는 이성이 없기 때문입니다.

그래? 그런데 이성이 어떻게 그런 엄청난 차이를 일으킬 수 있을까?

……?

너희들, 현대에도 원시의 삶을 사는 부족들이 있다는 걸 알지?

네. 탄자니아, 케냐, 베트남 북부, 필리핀, 인도네시아 등에 원시의 모습으로 사는 부족들이 있습니다.

그래. 그렇다면 그들에게는 이성이 없을까?

당연히 있겠지요.

그럼 왜 그들은 아직도 원시적인 생활을 하고 있을까?

잠깐! 알았습니다. 그들에게도 이성은 있지만, 논리를 몰랐다, 그 말씀이시지요?

맞았어. 예컨대 원시인은 병에 걸리면 몸속에 귀신이 들어온 것으로 생각했지. 그들은 병의 원인이 눈에 보이지도 않는 병균이라는 것을 알 수 없었어. 물론 현미경과 같은 실험 도구도 없었으니까 당연한 일이기도 하지. 원시인들은 눈먼 사람이 한발짝 한발짝 깜깜한 어둠의 세계를 나아가듯 현대의 문명을 향해 나아갔지. 오랜 세월에 걸쳐 수많은 시행착오를 거치면서 말야. 그리고 일부 지혜로운 인류의 조상이 이성을 꽃피우는 데 성공했어. 아직도 원시 생활을 하는 사람들이 있기는 하지만.

그렇다면 이성을 꽃피우는 데 성공한 사람들이 구체적으로 어떻게 '논리'라는 지팡이를 사용했다는 거죠?

몇 가지 예를 들어 보자. 너희들 '원자론'이라는 말을 들어 보았지?

"모든 것은 더 이상 쪼갤 수 없는 '원자'라는 작은 알갱이로 이루어져 있다."는 이론입니다.

맞아. 원자론을 처음 내놓은 것은 고대 그리스의 철학자 데모크리투스란다. 어느 날인가, 그는 돌계단이 닳아 있는 것을 보았어. 그리고 돌계단이 닳은 건 돌계단을 이루고 있는 작은 알갱이들이 떨어져 나갔기 때문이라는 데에 생각이 미쳤는데, 거기에서 이러한 일은 돌계단뿐 아니라 세상에 있는 모든 것에서 똑같이 일어날 수 있는 일이라고 추정한 거야. 앞으로 배우게 되겠지만, 데모크리투스는 가설 추리*를 통해 원자론을 생각해 낸 거야. 또 한 사람 얘기를 더 해 볼까?

춘추 시대 노나라에 노반이라는 이름난 목수가 있었어. 그는 커다란 궁궐을 지을 재목을 구하려고 가파른 산비탈을 기어오르다 풀잎에 손을 베었지. 보기에는 부드럽고 연약하기까지 한 풀잎에 어떻게 손이 베었지 하는 의문이 생기자, 그는 피가 줄줄 흐르는 것도 개의치 않고 풀잎을 관찰했단다. 풀잎은 가장자리가 날카롭고 고르게 뾰족뾰족한 모양을 하고 있었어. 그는 풀잎을 집으로 가져와서 대장장이에게 풀잎의 모양대로 철판을 만들어 날카롭게 날을 세우게 했는데, 그게 바로 톱이었다는구나. 노반은 유비 추리*를 했던 거야.

누구나 경험할 수 있는 일인데…… 참 대단해요. 우리 인류의 조상이 논리를 이용할 줄 몰랐다면, 과학 문명이란 건 아예 없었겠네요.

지식과 정당화

과학 문명만 발전시킨 게 아니지. 논리는 과학 문명을 포함한 인류의 역사 전체를 이끌어 가는 힘이란다.

* 가설 추리란 어떤 현상을 설명하기 위해 가설을 내세우는 추리 방법이다. 유비 추리란 서로 다른 대상이 가진 유사성을 근거로 해서 어떤 주장을 하는 추리이다. 여러 가지 추리에 대해서는 이 책 셋째 마당을 참고하면 된다.

도서관에 가 보렴. 수많은 책이 책꽂이를 가득 메우고 있지? 오늘날 우리 인간은 그 어느 때보다도 세계에 대해서 많이 알고 있단다. 그리고 이 지식 덕에 인간은 공포와 미신에서 해방되었고. 물론 아직도 인간이 모르는 게 많이 있지만 말야.

세계에 대한 지식을 얻는 데 왜 논리가 필요하죠? 경험이면 충분하지 않나요?

그럴까? 옛날 이야기를 하나 들려 줄테니 잘 생각해 보렴.

> 몹시 경망한 샌님이 곰방대 하나를 들고 길을 걸었다. 곰방대는 왼손에 들었는데, 걸음을 뗄 적마다 활갯짓을 하니까 곰방대가 앞으로 나왔다 뒤로 물러섰다 할밖에. 그래서 곰방대가 뒤로 물러섰을 때는 눈에 띄지 않으니까
>
> "이크, 담뱃대를 잃었구나!"
>
> 하다가 금방 다시 왼팔이 앞으로 나오게 되면
>
> "이크, 찾았다!"
>
> 라고 했다. 이렇게 샌님은 걸음을 내디딜 때마다 '잃었다, 찾았다'를 중얼거리면서 온종일 걸었다.

철저한 경험주의자군요!

우리는 경험을 통해 많은 지식을 얻지. 그러나 우리가 경험을 통해서 얻을 수 있는 지식은 오직 특수한 사실에 관한 것들이란다. "지혜는 경험의 딸이다. 경험에 근거하지 않은 사색가의 교훈을 피하자. 경험을 바탕으로 지혜의 탑을 쌓아 가도록 하자."라는 레오나르도 다빈치의 말처럼, 지혜는 경험에서 비롯된단다. 그러나 경험에서 지혜를 얻기 위해서는 경험을 넘어설 수 있어야 해.

경험을 넘어서다니요?

다음 두 주장을 비교해 보자.

(1) 사과가 떨어진다.

(2) 모든 물체는 질량의 곱에 비례하고 거리의 제곱에 반비례하는 힘으로 서로 당긴다.

너희들 이 두 주장이 말하는 내용을 잘 알고 있지?

네, 그렇습니다. (2)는 만유 인력의 법칙으로, 뉴턴이 (1)을 보고 발견한 것입니다.

그럼 (1)과 (2) 중 어느 것이 더 중요한 지식일까?

(2)입니다.

왜 그렇지?

(1)은 사과에 대해서만 말하고 있지만, (2)는 모든 물체에 적용되는 원리에 대해 말하고 있기 때문입니다.

맞아. 그렇다면 이 두 주장은 모두 우리가 경험할 수 있는 것들을 말하고 있을까?

그렇습니다. 아니…… 그렇지 않습니다. (2)는 경험할 수 없습니다.

맞아. (2)는 우리가 직접 경험할 수는 없는 보편적인 법칙이니까. '지식'이라는 이름으로 우리가 학교에서 배우는 것들도 대부분 경험을 넘어서는 보편적이고 일반적인 사실들에 대한 것들이야.

선생님, 그런데 뉴턴은 어떻게 경험으로는 알 수 없는 법칙을 발견할 수 있었나요?

달래야, 뉴턴은 원래 머리가 좋은 사람이었어.

단순히 머리가 좋았다고 말하는 것은 적절하지 않아. 그는 논리적인 정당화를 통해 경험을 넘어설 줄 알았던 거야.

논리적 정당화가 경험을 넘어설 수 있게 하나요?

그래. 경험할 수 있든 없든 상관없이, 일반적으로 모든 지식은 정당화를 통해서 만들어진단다. 이 말이 무슨 뜻인가를 알기 위해서, '지식'의 의미를 생각해 보자. 1994년 인도에서는 페스트 환자가 갑자기 1500명이 넘게 발생했어. 쥐를 신성시하는 힌두교의 오랜 전통 때문에 쥐를 잡지 않았기 때문이지. 쥐들이 해마다 모든 인도인이 석 달 정도 먹을 만한 식량을 없애는데도 잡지 않고, 오히려 쥐를 죽이면 천벌을 받는 것으로 믿었다는구나.*

* 동아일보, 1994. 10. 1.

인도 사람들이 소만 신성하게 여기는 줄 알았더니, 쥐까지 신성시하는 군요! 참 이상해요. '쥐를 죽이면 천벌을 받는다'고 믿다니……

그렇지? 이 경우 그들이 '쥐를 죽이면 천벌을 받는다'는 지식을 가지고 있다고 말할 수 있을까?

아니에요. 그건 지식이 아니라, 거짓을 참으로 믿고 있던 것일 뿐이에요.

그래. '쥐를 죽이면 천벌을 받는다'는 주장이 지식이 되기 위해서는, 단순히 그 주장을 믿는 데 그치지 않고 그 주장이 참이어야 해.

그럼 이 경우는 어떨까? 어떤 사람이 언젠가는 분명히 1등에 당첨될 것이라고 믿고 계속 복권을 샀어. 당첨도 안 되는 복권을 사느라 돈만 날리니 부인이 좋아할 리 없지. 그래서 가끔 부부싸움을 했는데, 그럴 때마다 남편은 매번 이렇게 큰 소리를 쳤어.

"두고 봐. 꼭 1등에 당첨될 테니까."

"그걸 당신이 어떻게 알아요?"

"어쩐지 그런 감이 와. 두고 봐. 난 꼭 1등에 당첨될 거야."

그런데 어느 날 그는 정말 1등에 당첨되었어. 이 경우 그는 자신이 1등에 당첨되리라는 것을 알고 있었다고 말할 수 있을까?

재미있군요…… 알고 있었는가……? 뭔가 좀 이상한데요?

알고 있었다고 말하기에는 석연치 않은 구석이 있어요.

그렇지? "나는 꼭 1등에 당첨될 것이다."라는 주장이 지식이 되기 위해서는 세 가지 조건이 만족되어야 해. 우선 그가 그 주장을 믿어야 하고, 그 주장이 실제로 참이어야 하며, 마지막으로 그 주장이 왜 참인지 논리적으로 정당화할 수 있어야 하지. 그런데 그는 자기 믿음을 정당화시키지는 못했어. 단지 자기 믿음이 참이라는 느낌만을 가지고 있었을 뿐이야. 이제 지식이 무엇인지 알겠니?

 알겠습니다. 지식이란…… 복잡한 것입니다.

 믿고…… 참이어야 하고…… 정당화되어야 하고…….

 그러니까 지식이란 '정당화된 참된 믿음'이라는 거지. 다음 표를 보면서 생각해 볼까?

우리는 누구나 믿음을 가질 수는 있어. 그리고 실제로 그 믿음이 참일수도 있어. 하지만 그 믿음이 정당화되지 않거나 잘못 정당화되면 지식이 아니라 단순한 믿음에 불과한 거란다. 믿음이 지식이 되기 위해서는, 요즘 말로 믿음이 지식으로 '업그레이드'되기 위해서는, 그 믿음이 참이라는 것이 정당화되어야 해.

우리는 흔히 그렇게 되었으면 좋겠다는 소망으로, 자기 생각이 무조건옳다는 독단적인 자세로, 또는 느낌에 의존하거나, 잘못된 추리를 하는 등의 방법으로 자신의 믿음을 정당화하려고 해. 그러나 이러한 방법들은 모두 사이비에 불과해. 오직 공인된 여러 가지 추리를 이용한논리적인 정당화만이 신뢰를 받을 수 있는 거야.

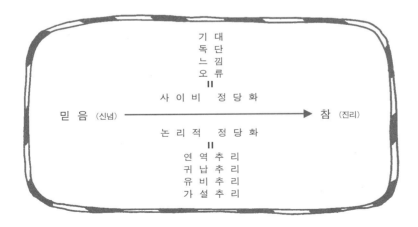

논리적인 정당화가 없는 지식이란 있을 수 없다는 말씀이시죠?

그래. 인류의 지성사는 믿음을 참으로 정당화시킴으로써 새로운 지식을 창출하고 축적해 온 역사라고 할 수 있어. 그리고 우리는 정당화를 잘하는 사람들 덕으로 세계에 대해 아주 많은 것을 알게 된 거야.

그 사람들이 선생님과 같은 학자이죠?

학자들은 논문과 저서를 통해 새로운 지식을 만들어 내는 전문가들이야. 굳이 학자가 되지 않더라도 정당화를 잘하는 사람은 각 분야의 지도자나 전문가가 되지. 그래서 그만한 대접도 받고. 반면에 정당화를 잘하지 못하는 사람은 아무리 훌륭한 생각을 가지고 있다 하더라도 인정을 받지 못하고 이렇다 할 사회적 역할도 못하게 되지.

저도 정당화를 잘하는 사람이 되고 싶어요.

그렇지만 정당화를 잘 못한다고 잘 살지 못하는 것은 아니잖아요!?

주인이 된 까막눈

🧓 물론 그렇지. 오히려 정당화를 잘하는 사람이 가난하게 살거나 고난을 당하는 경우도 많았단다. 고대 그리스의 철학자였던 소크라테스는 젊은이들을 타락시키고 다른 신을 섬긴다는 죄명으로 독살되었고, 중세 시대의 브루노는 우주가 무한하고 우리의 세계와 유사한 다른 세계가 존재할 가능성이 있다는 학설을 유포했다는 죄명으로 화형을 당했지.

🧒 갈릴레오는 거짓말로 간신히 목숨을 건졌고요.

🧓 하하하……그렇지. 이처럼 새로운 지식을 만들어내거나 삶의 조건을 개선하기 위해 새로운 제안을 내놓은 사람들은 곤경에 빠지기도 했는데, 그건 그들이 내놓은 '새로운 것'이 불가피하게 기존의 질서를 파괴하는 경향이 있었기 때문이었지. 그러나 역사는 바로 그들의 희생을 밑거름으로 하여 발전했다고 할 수 있어.

🧒 정말인가요?

🧓 그렇고말고. 지금 우리는 민주주의의 시대를 살고 있지?

🧒 그렇습니다.

🧓 민주주의 사회의 주인은 누구지?

🧒 국민입니다.

🧓 왜 대통령이 아니고 국민이 주인이지?

👧 물론 가장 큰 권력을 가지고 있는 사람은 대통령이지만, 국민이 뽑아 주지 않으면 대통령이 될 수 없기 때문입니다.

🧓 맞았어. 권력은 하늘에서 나온다고 생각하던 옛날과는 달리 민주주의가 정착된 오늘날의 사회에서는 모든 권력이 국민한테서 나오지. 그러고 보면 국민의 힘이 참 대단하지?

네.

그러나 백성을 뜻하는 '민(民)'이라는 글자는 원래 눈(目)에 가시가 찔린 것을 뜻했다는구나. 다시 말해 백성은 눈 먼 장님, 곧 아무것도 모르는 까막눈이었던 거야. 그래서 백성은 왕, 귀족, 권력자, 부자 등 늘 누군가의 지배를 받는 비천한 계층이었어.

로마인들은 사람이 사용하는 도구를 세 가지로 분류했지. 수레나 삽처럼 소리를 내지 못하는 도구, 소나 말처럼 소리를 내는 도구, 그리고 노예처럼 말하는 도구로 말이다. 노예는 사람도 아니었던 거지.

옛날 사람들은 참 무지했군요.

그렇게 옛날 일만도 아니야. 지금으로부터 불과 100여 년 전의 일인데, 어느 부잣집 주인이 죽자, 그의 무덤에 10명의 종을 생매장했다는구나. 그런 걸 순장(殉葬)이라고 하지, 고구려 때는 한꺼번에 100명까지도 묻힌 기록이 있어.*

끔찍해요.

그런데 더 끔찍한 건, 신라 시대부터 18세기 중엽까지 전 국민의 반 정도가 종이었다는 사실이란다.

으악! 그럴 수가……!?

1846년의 프랑스 선거법에 따르면, 성년 남자의 3%만이 투표권을 행사할 수 있었다는 걸 알 수 있단다. 대다수의 국민이 주권을 행사할 수 없었던 거야. 그러나 오늘날은 프랑스뿐만 아니라 대부분의 국가에서 국민 모두가 주권을 행사하고 있지. 모든 사람이 동등한 권리를 가지고 나라의 주인 노릇을 하는 시대가 온 거야. 1948년 12월 10일

---

* 이기백, 『한국사 신론』, 일조각, 49쪽

국제 연합 총회에서 채택된 세계 인권 선언을 보면, "모든 사람은 태어날 때부터 자유롭고, 존엄성과 권리에 있어서 평등하"며(제1조), "모든 사람은 인종·피부색·성·언어·종교·정치적 또는 기타의 견해, 민족적 또는 사회적 출신·재산·출생 또는 기타의 신분 등 어떠한 종류의 차별 없이 이 선언에 규정된 모든 권리와 자유를 향유할 자격이 있다."(제2조)고 규정하고 있단다.

역사가 참 많이 발전한 것 같아요.

그런데 말이다. 역사가 어떻게 이렇게 발전하게 되었을까? 저절로 발전했을까?

저절로 발전할 리는 없겠죠. 세상에 공짜가 어디 있나요?

그래. 분명 그럴 만한 이유가 있었을 거야. 그게 뭘까? 권력자가 스스로 권력을 내놓았을까? 아니야. 그런 일은 결코 일어날 수 없어. 권력

이란 게 원래 형제는 물론이고 부모 자식 간에도 나누지 않는다는 말이 있거든. 그럼 백성이 힘으로 빼앗았을까? 그것도 아니야. 백성은 그럴 힘도 없고, 무엇보다도 대부분은 감히 그럴 생각을 하지 못했어. 무슨 일이든 하늘의 뜻이며 하늘이 내린 운명이라고 순응하며 살았으니까. 가끔 노예나 농민들이 반란을 일으켰지만, 성공하지 못했어. 반란이나 쿠데타가 성공하기도 했지만 그건 권력의 주체를 바꾸기 위한 것이었지, 결코 자유롭고 평등한 세상을 만들기 위한 것이 아니었어. 그럼 어떻게? 무슨 일이 일어났기에 민주주의라는, 모든 사람이 평등하게 살 수 있는 시대가 열린 것일까?

국제 연합 총회에서 세계 인권 선언이 채택된 것은 인간이 두 번의 세계 대전을 통해 쓰라린 경험을 한 후였어. 그러나 전쟁을 통해서 역사가 발전했다고 생각하는 것은 잘못이야. 전쟁은 강한 쪽이 약한 쪽을 누르고 이기는 게임일 뿐이니까.

답은 역시 인간만이 가지고 있는 본질적인 부분에서 풀어 나가야 해. 인간은 이성적 존재이기 때문에, 합리적으로 설득되지 않으면 절대 승복하지 않아.

위대한 인류의 조상들이 목숨을 걸고 사람들을 설득해 나갔던 거야. 누구는 주인으로 태어나고 누구는 노예로 태어나는 것이 아니라, 모든 인간은 평등하게 태어나고 누구나 자유롭게 자신의 삶을 개척해 나갈 수 있는 존엄한 인권을 가지고 태어난다고 끊임없이 주장했어. 그 결과 힘없는 백성들이 눈을 뜨게 되었고, 백성들을 억압하고 착취하던 소수의 세력들도 더 이상 기득권을 고집할 수 없게 되었지. 그래서 마침내 민주주의의 시대가 온 거야.

 결국 논리적인 설득이 역사를 발전시킨 원동력이다, 이 말씀이시군요!

물론 논리적으로 설득하는 과정에서 많은 투쟁과 희생이 있었지. 그러나 누구나 승복할 수밖에 없는 논리적 정당화의 뒷받침을 받지 못했다면, 어떤 투쟁과 희생도 헛되이 사라졌을 거야.

그렇지만 선생님, 과연 역사가 발전했다고 할 수 있을까요? 아직도 세계 곳곳에는 기본적인 인권이 무엇인지조차 모르는 사람들도 많고, 우리나라만 해도 이성적으로 납득할 수 없는 문제들이 끊임없이 터져 나오면서 갈등을 만들고 있잖아요?

미완의 역사

바우 말대로 역사는 아직 미완이야. 세계 인권 선언의 전문 30조가 모두 실현되는 세상은 참으로 살기 좋은 이상 사회일 거야. 그러나 불행히도 우리는 아직 이상 사회를 이루지 못했어. 우리나라만 해도 아직 남북이 분단되어 있고, 남한만 봐도 지역과 계층, 이해 집단 사이의 갈등이 만만치 않으며, 보수니 진보니 하는 이념이 안고 있는 문제도 심각하거든. 그러나 문제는 우리가 이러한 갈등을 겪고 있다는 데 있지 않아. 우리 사회에 갈등이 많아졌다는 것은 그만큼 우리가 민주 의식에 눈을 떴다는 것을 뜻하기 때문이야.

그럼 무엇이 문제이죠?

문제는 갈등이 있다는 게 아니라, 갈등을 합리적으로 조절하는 능력이 부족하다는 거야. 그건 곧 갈등을 합리적으로 해결하는 방법을 알지 못한다는 것을 의미하지.

이 능력을 갖기 위해서는 논리를 알아야 한다. 그 말씀이시군요!?

그렇지. 논리를 알아야 제대로 판단할 수 있기 때문이지.

세계는 점점 좁아지고 있어. 더 이상 우리끼리만 살아갈 수 없는 시대가 온 거지. 세계의 모든 사람과 경쟁하고 협력하면서 살아가야 하는 시대에서 살아 남으려면, 더 나아가 이 시대의 주인공이 되기 위해서는 논리로 무장할 필요가 있어.

우리가 눈 먼 백성으로 살지 않고 나라의 주인으로서, 나아가 세계의 일류 시민으로 살 수 있게 된 건 논리 때문이야. 인간으로서의 자긍심을 가지고 살 수 있게 된 것도 논리가 있었기 때문이지.

🧑 선생님 말씀을 들으면 논리가 만병 통치약 같은데, 정말 그런가요?

👧 논리보다는 사랑과 정이 더 중요하다고 말하는 사람도 많잖아요?

사랑과 논리

 그렇게들 말하지? 다음 이야기를 감상해 보자.

> 사랑에 빠진 남녀 한 쌍이 공원을 산책하고 있었다. 날씨는 화창했다. 젊음과 낭만을 즐기기에 알맞은 날씨였다.
>
> "저 벌새 좀 보세요. 저 새는 1분에 수천 번도 더 날개를 퍼덕거린다고 해요."
>
> 여자가 말했다.
>
> "그래."
>
> 남자가 부드러운 음성으로 말했다.
>
> "저 새들은 부리로 입을 맞추기도 하지."
>
> "우리도 그렇게 해요."
>
> 여자가 애교를 떨며 말했다.
>
> 그러자 남자가 당황한 표정으로 말했다.
>
> "나는 내 팔을 그렇게 빨리 움직일 수 없어."

하하…… 조금 황당하네요. 그러니까 자기도 벌새처럼 팔을 빨리 움직여야만 입을 맞출 수 있다고 생각했군요.

사랑도 논리적인 이유가 있어야 할 수 있다고 생각하는 것은 어리석은 일이야. 그렇지만 사랑이 논리보다 더 중요하다고 말할 수 있을까?

그렇게 말할 수는 없어도, 논리적으로 따지는 것보다 모든 것을 사랑이나 정으로 감싸 주면 좋지 않을까요?

그래야 할 경우도 많긴 하지. 그렇지만 다음 이야기를 들어 봐.

식당 매니저가 웨이트리스를 모아 놓고 말했다.

"오늘은 화장을 좀더 예쁘게 하고 모든 손님에게 미소로 인사하기 바랍니다."

"높은 분들이 오나 보죠?"

한 웨이트리스가 물었다.

그러자 매니저가 말했다.

"그게 아니라 오늘 고기가 질기거든요."

 미인계를 쓰자는 거군요!

그래. 아름다운 웨이트리스의 애교에 손님들은 질긴 고기를 먹으면서도 아무 말도 못 하게 될 테니까.

무슨 일이든 사랑이나 정으로 감싼다고 해서 좋은 건 아니로군요.

그래. 분명히 사랑과 정은 중요하지. 사랑과 정으로 해결할 문제를 논리로 해결하려는 것은 잘못이야. 그러나 사랑이나 정 때문에, 해서는 안 될 일을 하는 것도 경계해야 해. 예를 들어 우리나라의 고질병인 지역 감정은 옳고 그름에 대한 판단력까지도 왜곡시키고 있어서 반드시 극복해야 할 중요한 문제야.

무슨 놀이인가?

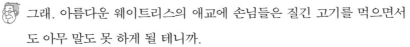 의외로 논리를 사용해야 할 때와 사용해서는 안 될 때를 구별하는 게 어려운 것 같아요.

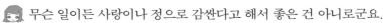 달래가 아주 중요한 문제를 제기했구나. 예를 들어서 생각해 보자꾸나. 이빨을 드러내며 사납게 달려드는 개에게 "우리 그러지 말고 말로 하자. 네가 가진 불만이 무엇인지 차근차근 논리적으로 따져 보자."고

말하는 것은 어리석은 일이겠지?

그렇습니다. 개는 논리적으로 설득할 만한 대상이 아닙니다. 발로 차든지, 나 살려라 하고 도망을 가야 합니다.

맞아. 그렇다면 그 상황에서 논리가 해야 할 역할은 없을까?

아닙니다. 사납게 달려드는 개를 보고 어떤 행동을 해야 하는지는 논리적으로 판단을 해 봐야 합니다.

맞았어. 일반적으로 모든 문제를 논리적으로 해결하는 것은 가능하지도 않고 또 바람직하지도 않지. 하지만 어떤 일을 하든 간에 판단은 논리적이어야 해. 다시 말해서 어떤 상황인지에 대한 판단은 논리적으로 할 수 있어야 하는 거야.

무슨 말인지 너무 어려워요.

다음 이야기를 가지고 이 점을 연구해 보자.

> 중국의 선승 백장(百丈)이 어느 날 승려들을 불러모았다. 새로 문을 여는 절의 주지를 뽑기 위해서였다. 그는 물이 가득 찬 물병을 땅 위에 세워 놓고 물었다.
>
> "누가 이것의 이름을 사용하지 않고 이것이 무엇인지 말할 수 있는가?"
>
> 그러자 절에서 가장 오래 수행을 한 승려가 대답했다.
>
> "아무도 그것을 나무 신발이라고 할 수는 없습니다."
>
> 그러자 다른 승려가 말했다.
>
> "그것은 손으로 운반할 수 있으므로 연못은 아닙니다."
>
> 그때 부엌일을 담당하는 승려가 앞으로 나가더니, 그 물병을 발로 뻥 차고는 아무 말 없이 걸어갔다. 그러자 백장이 웃으며 그에게 말했다.
>
> "자네가 새 절의 책임자가 됐네."

자, 백장은 왜 부엌일을 하는 승려를 주지로 뽑았을까?

물병을 발로 찼을 뿐인데…….

알았습니다. 그는 말로 해야 할 일과 말로 할 수 없는 일을 구분할 줄 알았기 때문입니다.

그래. 그는 문제 상황을 정확하게 파악하고 행동했던 거야. '문제 상황'이라는 말 대신에 '놀이'라는 말을 써서 생각해 보자. 장기의 규칙은 언제 사용하는 거지?

장기를 둘 때요.

장기의 규칙을 바둑에 적용할 수 있을까?

없습니다.

아, 알았어요. 문제 상황, 그러니까 진행되는 놀이가 어떤 것인지를 판단해서 대응해야 한다는 말씀이지요?

그렇지. 다시 말해 논리적으로 해결해야 할 문제인지, 아니면 힘이나 사랑과 같은 비논리적 방법으로 해결해야 할 문제인지를 잘 판단하라는 거야. 그래야 논리적으로 해결해야 할 문제는 철저하게 논리적으로 해결할 수 있겠지.

바우가 이렇게 물었지? 논리는 만병 통치약인가? 대답은 이래. '논리는 만병 통치약이 아니다. 그러나 진행되는 놀이가 어떤 성질의 것인지 진단하기 위해서는 논리를 알아야 한다.' 더구나 논리 놀이를 하기 위해서는 반드시 논리 규칙을 알아야겠지?

선생님 말씀은 잘 알겠습니다. 그렇지만 이러쿵저러쿵 논리적으로 따지면, 어른들은 말대꾸한다고 야단치잖아요! 저희 아버지도 저에게 "모난 돌이 정 맞는다."고 하면서 세상은 둥글게 둥글게 살아야 한다고 강조하시거든요.

"따지면 말대꾸한다고 야단치는데요?"

바우의 아버님 말씀도 틀린 건 아니야. 옛날 이야기 한 편 들려줄까.

옛날에 순박한 할아버지 한 분이 살았다. 무슨 일이든 둥글둥글 원만하게 대하니, 뜻이나 말이나 행동이 남과 맞지 않아 다투는 법이 없었다. 그리하여 그날까지 살아오는 동안 누구와 시비 한번 붙은 적이 없었다.

어느 날 동네 사람이 급히 찾아와 말했다.

"영감님, 오늘 아침 남산이 다 무너졌다는데, 정말 큰일입니다."

그러자 할아버지는 태연한 표정으로 대답했다.

"그럴 거야. 몇백 년도 더 오래 되었으니, 그게 무너진다 해도 괴이한 일은 아니지."

옆에서 이 말을 들은 다른 사람이 이의의를 제기했다.

"그럴 리가 있습니까? 산이 오래 되었다고 해서 아무 이유 없이 무너질 리는 없지요." 그러자 할아버지는 고개를 끄덕이며 말했다.

"그대 말도 옳으이. 산이란 위는 뾰족하나 밑은 넓고 또 바윗돌이 서로 엉키어 있으니, 쉽게 무너질 염려는 없지."

마침 또 한 사람이 달려와서 급하게 이른다.

"참으로 괴이한 일이 생겼습니다."

"무슨 일인가? 차근히 말하게."

그 사람은 믿을 수 없다는 듯한 표정을 지으며 입을 떼었다.

"글쎄, 소가 쥐구멍에 들어갔다니, 이 어찌 괴이한 일이 아닙니까?"

그러나 할아버지는 태평한 얼굴로 이렇게 말했다.

"자네의 말이 거짓은 아닐 거야. 소란 놈은 본래 성품이 우직해서, 비록 그것이 쥐구멍일지라도 한번 하고자 마음먹었으면 뒤도 안 돌아보고 달려들었을 게 틀림없지."

곁에 있던 사람이 너무도 답답해서 목청을 돋우며 따져 물었다.

"그런 이치가 어디 있습니까? 소가 제아무리 우직하다고 어떻게 쥐구멍을 뚫고 들어간단 말입니까?"

그런데 이번에도 할아버지는 심상하게 대꾸하는 것이었다.

"자네 말도 일리가 있어. 소는 우직하지만 머리에 뿔이 돋아 있어서 그게 걸리적거려서 쥐구멍엔 들어갈 수 없을 거야." 이에 그 자리에 모여 있던 사람들이,

"영감님, 어찌 그렇게 성실치 않은 말씀을 하십니까. 말도 안 되는 소리를 이도 저도 모두 옳다 하니 그 무슨 까닭입니까?"

하고 일제히 할아버지의 입을 바라보았다. 그러자 할아버지는,

우리는 이렇다 할 결론에 도달할 수 없는 문제를 놓고 논쟁을 하거나 다투는 경우가 많아. 더구나 논쟁 끝에 어떤 결론에 도달한다고 해도 그 결론이 반드시 옳은 게 아닐 경우도 있을 테고. 그래서 시간과 정력만 낭비하게 할 수 있는 논쟁이나 다툼을 피해 심신을 편안히 가지려는 할아버지의 자세는 충분히 이해할 수 있고, 또 삶의 지혜를 터득한 사람의 자세로 볼 수도 있지.

그런데 문제는 우리가 살아가면서 논쟁과 다툼을 피할 수 없다는 데 있어. 할아버지의 경우를 놓고 보더라도, 말도 안 되는 얘기에 이것도 옳고 저것도 옳다는 식으로 두루뭉실하게 대처해도 몸과 마음이 언제나 편해지는 것은 아니거든. 자신의 재산을 빼앗으려는 사람에게, "자네 말도 일리가 있군. 누구나 다른 사람의 재산을 탐내게 마련이니까." 하고 태평하게 말할 수 있겠어.

무시해 버리면 그만인 일을 놓고 시간과 정력을 바쳐 논쟁하고 다투는 것은 피하는 것이 좋겠지. 그러나 중요한 일인 경우에는 시간과 정력을 아끼지 않고 시비를 가릴 것은 가려야 하는 거야.

물론 지금도 저 할아버지처럼 사는 방식이 유용할 수 있어. 논리가 통하지 않는 경우도 많으니까. 그러나 두루뭉실한 것이 항상 최선일 수는 없지.

선생님, 우리 빨리 본론으로 들어가요! 논리를 단숨에 해치우고 싶습니다.

바우, 너 급하다고 우물에 가서 숭늉 달라는 격이로구나.

그래, 논리는 단숨에 배울 수 있는 게 아니야. 논리의 체계를 배우는 데도 시간이 걸리지만, 그 체계를 호흡하듯 자연스럽게 응용할 수 있도록 해야 하기 때문에 더욱 그래. 방법이 전혀 없는 것은 아니지만……

방법이 있군요!?

((생각거리))

1. 다음 신문 기사를 읽고, 살인사건의 용의자들이 신랑을 살해한 행위와 신부를 살해한 행위가 어떤 점에서 다른지 생각해 보자.

지난 1월 강원도 삼척시 노곡면에서 발생한 신혼 부부 살인 강도 사건의 용의자 2명이 사건 발생 6개월여 만에 관련 인사의 제보로 검거되었다.

경기도 경찰청은 6일 수원시 인계동에서 정모(36) 씨와 한모(33) 씨를 이 사건 용의자로 붙잡아 삼척경찰서로 신병을 넘겼다.

정씨 등은 지난 1월 19일 오후 4시 10분쯤 지프를 몰고 사냥을 가다, 삼척시 노곡면 문의재 능선 비포장 도로에서 신혼여행을 온 김우정(28)·장일랑(27) 씨 부부가 탄 그랜저 승용차가 먼지를 내며 추월하자 승강이 끝에 엽총으로 김씨 부부를 쏘아 숨지게 한 혐의다.

정씨 등은 "비포장 도로에서 추월한 게 괘씸해 우리 지프가 추월을 하자 그랜저가 다시 추월하는 등 5분간 1km 정도에서 경쟁을 벌였다."고 경찰에서 진술했다.

경찰은 "이들이 서로 유리창을 열고 삿대질을 하다 정씨가 앞에 있던 그랜저

운전석을 향해 엽총 두 발을 발사, 김씨가 즉사했다."고 밝혔다.

정씨 등은 자신들의 바짓가랑이를 잡고 "남편을 병원에 실어가 달라."고 애원하는 장씨의 가슴에 엽총을 쏘아 숨지게 했다.(중앙일보, 1999. 7. 7.)

2. 이야기 속의 여우가 왜 지혜로운지 생각해 보자.

어느 날 사자가 입을 벌리며 양에게 물었다.

"내 입에서 무슨 냄새가 나지 않나 맡아 보게……."

그러자 양이 사자의 입 가까이 코를 대보더니 대답했다.

"아주 고약한 냄새가 납니다."

사자는 버릇없는 놈이라며 양을 잡아먹었다. 그러고는 늑대에게 물었다.

"내 입에서 무슨 냄새가 나지 않나 맡아 보게……."

사자에게 잡아먹힌 양의 이야기를 들었던 터라, 늑대는 사자의 말이 떨어지기가 무섭게 고개를 살래살래 저으면서 아무런 냄새도 나지 않는다고 했다.

"이 간사한 놈이 내 맘에 들려고 일부러 거짓말을 하는구나."

사자는 이렇게 트집을 잡고는 늑대를 잡아먹었다. 사자는 다음으로 여우에게 물었다. 그러나 여우는 곤란한 표정을 지으면서 대답했다.

"사자님, 저는 지금 감기에 걸려서 냄새를 맡을 수 없습니다."

"호오, 그래?"

사자는 여우를 그냥 놓아 주었다.

3. 사무엘 베케트를 칼로 찌른 청년은 유죄인가, 무죄인가? 그 이유는?

4. 주위의 물건이나 사건 중에서 논리의 산물이 아닌 것을 찾아보고, 그 이유를 말해 보자.

논리를 단숨에 배울 길은 없나요?

 선생님, 정말 논리를 단숨에 배울 수 있나요?

 학문에는 왕도가 없다고 했는데, 설마 진담은 아니시겠죠!?

 진담은 아니지만 그렇다고 꼭 농담이라고 할 수도 없지. 앞에서 배운
것을 응용해 보면, 그 방법을 알 수 있어. 창의력이란 다른 게 아니야.
배운 것에서 배우지 않은 것을 이끌어 낼 수 있는 능력이 바로 창의력
이란다.

 앞에서 배운 것이라…….

'입증 책임'은 논리의 모든 것

 살면서 우리는 많은 주장을 하게 된단다. 그런데 어떤 주장을 하든지
주장하는 사람은 그 주장이 왜 참인가를 반드시 알고 있어야 하고, 필
요하다면 언제든지 그 이유를 제시할 수 있어야 해. 이것을 가리켜, 주
장하는 사람이 자기 주장에 대해 '입증 책임(입증 의무, 증명의 부담)'

을 갖는다고 말하지. 그리고 늘 입증 책임을 다하는 생활을 하면, 논리
는 반 이상을 익힌 셈이 되는 거야. 그만큼 입증 책임은 논리의 모든
것이라고 할 만큼 중요한 원칙이란다.

🧑 입증 책임이 왜 그렇게 중요하죠?

👴 너희들, 사무엘 베케트의 일화를 기억하지? 자신의 행위에 대해 입증
책임을 다하지 못하면 그렇게 웃음거리가 되고 비정상적인 사람으로
취급받게 되는 거야. 자신의 행동에 대한 이유, 곧 입증 책임을 물었을
때 "모르겠는데요."라고 대답한 청년은 일종의 '논리적 정전(停電)' 상
태에 있었다고 할 수 있어. 이는 정상적인 사람들 간의 대화에서는 있
을 수 없는 일이지. 정상적인 사람이라면 당연히 자신의 행동에 대해
타당한 이유를 제시했겠지.

🧑 그 청년, 혹시 바보가 아니었을까요?

아냐. 그 청년을 바보라고 볼 수는 없어. 어떤 사람을 바보라고 하는 것은 그가 비록 어리석고 멍청하기는 해도 정상적인 사람이라고 인정하는 거야. 하지만 입증 책임에 대한 감각 자체가 결여된 사람은 바보라기보다는 입증 책임의 '회로'가 고장난 비정상적인 사람인 거지.

하긴, 바보는 웃음거리는 되지만 정신 병원에 가지는 않지요.

그렇지만 선생님, 입증할 수 없는 말을 일삼으면서도 정신 병원에 실려 가지 않는 사람들도 많잖아요? 무슨 비리를 폭로한다고 기자회견까지 하고서, 사실무근으로 밝혀지면 '아니면 말고' 하면서 꽁무니 빼는 사람들 말입니다.

'아니면 말고'

바우 말대로 그런 사람들이 있지. 그러나 아무도 그들을 정신적으로 모자라거나 어리석은 사람들이라고 여기지는 않아. 오히려 '아니면 말고' 식의 폭로에 사람들의 마음이 흔들리기까지 한단 말야. 왜 그럴까?

달래야, 왜 그럴까?

놀이(게임)로 바꿔 생각해 보렴.

······?

'아니면 말고' 식의 폭로를 하는 사람들은 대부분 '진실 게임'이 아닌 '흠집내기 게임'을 하는 사람들이야. 그들은 진실을 밝히기 위해서 숨겨진 사실을 폭로하는 것이 아니라, 상대방을 흠집내기 위해 있지도 않은 일을 만들어서 진실인 것처럼 '폭로'하는 거지.

그러니까 엄밀히 말해서 폭로도 아니군요!

🧓 그렇지. 바로 진실의 폭로를 가장한 흠집내기 게임이지.

👧 선생님, 그럼 진실 게임이 아니면 입증 책임의 원칙이 적용되지 않나요?

🧓 맞았어. 입증 책임은 진실 게임에만 적용돼. 따라서 '아니면 말고' 식의 흠집내기 게임을 하는 사람들이 입증 책임을 외면한다고 해서 정신 병원 신세를 질 필요는 없는 거지.

👧 그렇지만 아주 비열한 사람들이잖아요!

진실성의 원칙

🧓 맞아. 그들은 진실성의 원칙을 지키는 사람들을 이용해서 이득을 보려고 하는 아주 비열한 사람들이지.

🧑 '진실성의 원칙'이라니요?

🧓 다음 옛날 이야기를 가지고 한번 생각해 볼까?

> 스님 한 분이 시골길을 걷고 있었다. 멀리서 보니 농부 세 사람이 밭둑에 앉아서 큰 소리로 뭔가를 이야기하고 있었다. 무슨 일인가 궁금해서 스님이 다가가자 그 중 한 사람이 말을 건넸다.
>
> "스님, 마침 잘 오셨습니다. 실은 저희가 조금 전 이 길에서 백 냥을 주웠는데, 제일 지독한 거짓말을 하는 사람에게 주려고 하던 참입니다. 스님이 심판관이 되어 주십시오."
>
> 그러자 그 스님이 위엄을 갖추며 대답했다.
>
> "나무아미타불, 그건 좋지 못한 일입니다. 거짓말을 하다니 될 말인가요? 나로 말할 것 같으면, 이 세상에 태어나서 지금까지 단 한 번도 거짓말을 해 본 적이

없소이다."

세 사람은 그 말을 듣자마자 한 목소리로 말을 했다.

"어이구 세상에! 스님, 이 돈은 스님 것입니다."

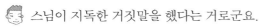 스님이 지독한 거짓말을 했다는 거로군요.

아마, 거짓말을 한 번도 해 본 적이 없는 사람은 없을 거예요.

맞아. 우리는 누구나 거짓말을 할 수 있어. 그러나 아무리 어쩔 수 없는 사정이 있다고 해도 거짓말을 해서는 안 돼. 단순히 거짓말을 하면 착한 사람이 되지 못한다는 이유 때문이 아니야. 만일 거짓말을 해도 된다면, 즉 '무언가를 주장하는 사람은 언제나 진실만을 주장해야 한다.'는 진실성의 원칙을 지키지 않아도 된다면, 의사소통 자체가 불가능하게 되기 때문이야.

왜 그렇죠?

바우가 감기에 걸렸다고 치자. 그런데 어머니가 무슨 약을 가지고 와서 먹으라고 하시는 거야. 바우가 물었어.

"이거 무슨 약이에요?"

"감기약이다." 어머니는 이렇게 대답하시겠지.

그런데 진실성의 원칙이 전제되지 않은 상태에서는 어머니의 말씀이 참인지 거짓인지 알 수가 없어. 그래서 바우가 물었어.

"이 약이 감기약이라는 말씀이 참말인가요?"

"그래, 참말이다."

자, 그러면 바우는 어머니의 말씀을 믿고 약을 먹을 수 있을까?

당연히 먹을 수 있습니다.

아닙니다. 진실성의 원칙이 전제되지 않은 상태에서는 "그래, 참말이

다."라는 바우 어머니의 말씀이 참말인지 거짓말인지 알 수 없기 때문에 먹을 수 없습니다. 어머니에게 "'그래, 참말이다.'라는 말씀이 참말인가요?"라고 물어도 소용없습니다. 또 그 말이 참말인지를 물어야 하기 때문입니다.

달래 말이 맞아. 따라서 진실성의 원칙이 전제되지 않으면 의사소통도 불가능하게 되겠지?

그렇군요!

뿐만 아니라, 진실성의 원칙이 전제되지 않아 의사소통이 불가능하게 되면 공동 생활 자체도 성립될 수 없게 되지. 서로 믿지 못하는 불신 사회에서 행복하게 산다는 게 가능하겠니?

진실성의 원칙이란 정말 중요하군요! 그런데 사람들은 왜 이 원칙을 지키지 않고 거짓말을 하죠?

거짓말로 이익을 챙기는 일이 가능하기 때문이지. 사람들은 대부분 진실성의 원칙에 따라 의사소통을 해. 그걸 알고 일부 못된 사람들이 속임수를 쓰는 거야.

그럼 속아 넘어가지 않으려면 어떻게 해야 되죠? 그럴 때는 진실성의 원칙을 무시해야 되나요?

달래야, 그런 걸 좀 유식한 말로 '딜레마'라고 하는 거야.

정말 어떻게 해야 하지요?

하하하…… 어려운 문제 같지? 하지만 의외로 쉽게 해결할 수 있어. 비판적 사고를 할 줄 알면 돼.

'비판적 사고'요?

비판적 사고

그래, 비판적 사고를 할 줄 알면, 거짓말쟁이들에게 쉽게 속아 넘어가지 않아. 『이솝 우화』에서 이야기 하나 감상해 볼까?

> 어느 날, 배가 몹시 고픈 호랑이가 토끼를 만났다. 옳거니 잘 됐다 하고 잡아먹으려고 하는데 토끼가,
>
> "호랑이 님, 맛없는 저보다는 먼저 맛있는 돌떡을 드시고 저를 드세요."
>
> 하며 달랬다. 그러고는 화롯불에 뜨겁게 달군 돌을 돌떡이라고 속이고 먹게 하였다.
>
> 몇 달 뒤 가시덤불이 우거진 곳에서 호랑이는 다시 토끼를 만났다.
>
> 돌떡에 혼이 났던 호랑이는 으르릉거리며 덮치려 했다. 토끼는 다시 꾀를 내어 말했다.
>
> "잠깐만요. 제가 더 맛있는 걸 드릴 테니 입만 벌리고 계세요. 여긴 참새가 많아서 손으로 몇 번만 훠이 훠이 해도 호랑이 님 입 속으로 날아 들어갈 거예요."

토끼만 잡아먹으면 배가 고플 것 같았던 호랑이는 귀가 솔깃해졌다.

"진짜지?"

하면서 호랑이는 입을 크게 벌리고는 참새들이 날아 오기만을 기다리고 있었다. 그러나 어느 새 토끼가 놓은 불이 활활 타들어오고 있었다.

그 해 겨울, 호랑이는 개울에서 또 토끼를 만났다.

이번에는 속지 말아야지 하면서 와락 달려들려고 하는데, 토끼가 헤헤 웃으며 자기가 맛있는 물고기를 많이 먹을 수 있는 방법을 알고 있다며 가르쳐 주겠다고 했다.

"그 긴 꼬리를 물에 담그고 있으면 물고기가 몰려올 거예요. 여기 꼬리를 넣고 제가 빼라고 할 때 빼세요."

호랑이는 물고기에 욕심이 나서 꼬리를 개울물에 넣었다.

차츰 꼬리가 무거워지는 걸 느낀 호랑이는, 역시 물고기가 많이 물렸나 보다 하며 좋아했다.

그렇지만 새벽녘이 되자 꼬리는 꽁꽁 얼어 꼼짝할 수 없게 되었고, 결국 호랑이는 부지런한 동네 청년들의 손에 잡히고 말았다.

 호랑이 녀석 정말 바보로군요!

 호랑이가 왜 바보일까?

 토끼의 속임수에 번번이 넘어가잖아요!

 그래. 그건 호랑이가 비판적 사고를 할 줄 몰라서야. 비판적 사고는 주장이나 논증 등 판단의 대상이 되는 것을 논리적 구조와 의미, 논거, 맥락 등을 고려하여, 받아들일 수 있는지 없는지를 판단하기 위한 추론적 사고를 말해. 예를 들어, 어떤 정치인이 경쟁 상대인 다른 정치인의 비리를 폭로했다고 해. 물론 폭로의 내용을 뒷받침할 근거는 차후

에 밝히겠다고 약속도 하고. 이 경우, 그가 진실성의 원칙에 따라 폭로한다고 믿고 그의 말을 무비판적으로 받아들여서는 안 되겠지? 먼저 입증 책임의 원칙에 따라 폭로의 내용을 뒷받침할 만한 근거가 있는지를 살피고, 근거가 없는 폭로라면 곧이곧대로 받아들여서는 안 돼.

우리가 이렇게 비판적으로 사고하게 되면, 그의 폭로를 무심코 받아들이는 대신, 신중한 자세로 상황을 관망할 수 있게 되지. 그 뒤에 근거가 제시되면, 그때 또 비판적으로 검토하여 판단하면 돼. 국민이 이렇게 눈을 시퍼렇게 뜨고 있으면, '아니면 말고' 식의 폭로는 발을 붙일 수 없을 거야.

 그런데 우리나라는 '아니면 말고' 식의 폭로가 엄청난 위력을 떨치고 있잖아요.

그건 결국 우리 국민이 비판적 사고를 할 줄 모르기 때문인가요?

맞아. 사상가이자 민권운동가이기도 했던 함석헌 선생은 "생각하는 백성이라야 산다."고 말씀하셨어. 이때의 '생각'은 단순한 생각이 아니라 '비판적 사고'야. '비판적으로 사고하는 백성이라야 산다.'는 말씀을 하신 거지. 단순히 일부 정치인들의 '아니면 말고' 식의 정치적 행보가 문제되는 게 아냐. 우리 사회의 구석구석에는 우리가 모르는 허위, 비리, 부정, 부패, 불법이 날뛰고 있어. 이 모든 문제를 극복하고 나라를 바로세우기 위해서는 백성이 비판적으로 사고할 수 있어야 한다는 것이 함석헌 선생의 가르침이었던 거야.

그런데 비판적 사고와 논리적 사고는 어떻게 다르죠?

좁은 의미의 '논리적 사고'는 연역 추리에 따른 사고를 말해. 그러나 넓은 의미의 '논리적 사고'는 비판적 사고와 같다고 할 수 있어. 우리는 연역 추리뿐만 아니라, 다른 추리들도 다 적용한 넓은 의미의 '논리적 사고'와 '비판적 사고'를 공부하게 될 거야.

그런데 선생님, 언제 본론으로 들어가실 건가요?

본론?

논리를 단숨에 배우는 방법이 있다고 하셨잖아요?

계속 '왜?'라고 물어라!

그렇구나! 그럼 논리를 단숨에 배우는 방법을 생각해 보자. 아주 간단한 방법인데, 그건 바로 '입증 책임'을 다하는 생활을 하는 거야. 그러면 논리는 반을 뗀 셈이 돼. 논리의 초보자라도 논리적으로 대단히 강하다는 인상을 줄 수 있거든. 요령도 간단해. 상대가 하는 말을 받아서 계속 '왜 그렇지?'라고 물으면 돼.

진짜 쉽네요?

꼭 그렇지만도 않아. 왜냐하면 우리 모두 이유를 묻고 답하는 습관이 생활화되어 있지 않기 때문이야. 더구나 다른 사람에게만 묻는 것이 아니라, 자기 자신에게도 물어야 하거든.

자신이 지금까지 확실하다고 생각했던 모든 주장이 왜 참인지를 생각해 봐. 확실한 주장? 의심할 여지 없이 확실하다고 믿을 수 있는 주장은 얼마나 될까? 물론 많겠지!

"나는 엄지손가락을 가지고 있다. 나는 검지손가락도 가지고 있다. 나는……."

이렇게 상당히 많이 늘어놓을 수 있을 거야. 그러나 너희가 정말로 비판적 사고를 배우고 싶다면 지금 이 순간부터 모든 주장이 참인지를 의심해야 돼. 이렇게 생각해 보렴. 옛날 이야기에서처럼 산길을 가다가 도둑을 만나 가진 것을 몽땅 털렸다고 말야.

"나는 지금까지 내가 확신하고 있던 주장들을 모두 도둑맞았다. 그래

서 내 지식의 창고는 텅텅 비었다. 이제부터 새롭게 그 창고를 채워야 한다. 단, 입증 책임의 원칙에 따라 정당화되는 주장만을 창고에 넣는다."

이렇게 생각하며 단 하루 만이라도 살아 봐. 그러면 너희는 크게 변할 수 있어. 너희가 단 하루 만에 논리와 비판적 사고를 뗄 수는 없겠지만, 적어도 새로운 눈으로 세상을 보게 될 거야. 또 당연하게 생각하고 받아들였던 신념들에도 문제가 많다는 것을 알 수 있게 될 거야.

재미도 있겠지만 힘들 것 같아요. '이성'이라는 것이 사람을 아주 힘들게 만드는군요.

입증은 누가 먼저?

입증 책임을 다 하는 생활을 실천하기는 어려울 것 같아요. 학교에서나 집에서나 어떤 주장이 나올 때마다 "이 주장은 왜 참인가?"라고 묻고 또 만족할 만한 답을 얻기 전에는 물러서지 않고 버티면, 사람들은 우리를 이상한 사람으로 취급할 겁니다.

그렇게 한가롭지도 못해요. 그러다가는 공부도 제대로 못할 겁니다.

분명히 선생님들도 야단치실 거예요.

물론 입증 책임을 다해야 한다고 해서 모든 주장에 대해 "입증하시오!"라고 요구하는 것은 비현실적이겠지. 굳이 입증하지 않더라도 받아들일 수 있는 주장도 많거든. 그러나 우리가 선뜻 받아들일 수 없는 어떤 새로운 주장이 나왔을 경우에는 반드시 입증 책임을 물어야 해. 그리고 입증 책임을 다 하는 생활이 습관화되면 오히려 공부도 잘 하게 될걸. 마구잡이로 머릿속에 집어넣은 단편적인 정보들은 살아 있는 지식이 되지 못해. 논리적으로 잘 정돈되고 체계화되었을 때만 정보들은 '살아 있는 지식'이 되거든.

살아 있는 지식도 좋지만, 대학 가는 게 더 급합니다.

바우야, 넌 아직도 선생님의 가르침을 이해하지 못하고 있구나! 입증 책임을 생활화하는 것은 인간답게 살기 위한 중요한 기본 조건이야. 대학에 가는 건 그 다음 문제고.

오라, 달래 너 참 똑똑하구나.

그걸 이제 알았어?

넌 누굴 닮았니? 어머니? 아버지?

사람들이 어머닐 닮았대.

아니, 어머니가 살아 계시니?

그럼!

"어머니는 살아 계신다."는 네 주장은 왜 참이지?

우리 어머니가 살아 계시지 않다는 거니?

친구에게 참 미안한 말이지만, 너의 어머니는 살아 계시지 않아.

선생님, 바우가 절 놀리고 있어요.

하하, 그렇지 않아. 바우는 너에게 입증 책임 놀이를 제안하고 있는 거야.

역시 선생님은……. 그럼 달래야, 네 어머니가 살아 계신다는 것을 입증해 봐.

아냐, 네가 먼저 우리 어머니가 살아 계시지 않는다는 것을 입증해 봐.

레이디 퍼스트! 네가 먼저 하도록 양보할 게.

양보할 거 없어. 네가 먼저…….

가만가만…… 지금 너희는 누가 먼저 입증 책임을 질 것인가를 놓고 다투고 있어. 이런 경우에는 어떻게 해야 할까?

어떤 주장이 참인지를 입증해야 할 때에는 대체로 다음과 같은 원칙에 따라 입증 순서를 정하면 된단다.

(1) 문제를 지적받는 측보다 지적하는 측에서 입증 책임을 진다.

(2) 이미 알려진 주장보다 새로운 주장을 내세우는 측이 입증 책임을 진다.

(3) 핵심을 벗어난 주장에 대해서는 입증 책임을 묻기보다는 무시한다.

(4) 이미 입증된 주장에 대해서는 다시 입증 책임을 묻지 않는다.

(5) 시급히 입증될 필요가 있는 주장은 그렇지 않은 주장보다 먼저 입증되도록 한다.

자, 그럼 누가 입증 책임을 질까?

저의 어머니가 살아 계시지 않다고 바우가 먼저 얘기 했으니까 바우가 입증 책임을 져야 합니다. 더구나 이 문제는 시급히 입증될 필요가 있습니다.

그래. 바우가 먼저 입증해 보아라.

달래 어머니께서 살아 계시다는 증거가 없습니다. 따라서 달래 어머니는 살아 계시지 않습니다.

말도 안 돼.

왜 말도 안 되지?

…….

달래가 "말도 안 돼."라고 말하는 순간, 바우의 말이 왜 말이 안 되는지 입증해야 할 책임은 달래한테 있게 돼.

오늘 아침 집에서 나올 때 뵈었는데, 어머니가 살아 계시다는 증거가

없다고 하니까 말이 안 된다는 겁니다.

그렇지만 그 사이에 달래 어머니께서 교통사고를 당할 수도 있고 심장 마비를 일으킬 수도 있잖아?

바우 너 말조심해!

달래야, 당연히 달래 어머니는 살아 계시겠지. 교통사고를 당하거나 심장마비를 일으키지 않고 말야. 바우가 이렇게 말하는 건 모두 논리 공부를 위한 상상에 불과한 거니까 이해하렴.

알겠습니다. 그렇지만 제가 오늘 아침에 어머니를 뵌 것은 증거가 되지 않나요?

그것이 증거가 되고 안 되고가 문제가 아냐. 지금 누가 달래 어머니가 살아 계시다는 것을 입증할 차례인지를 생각해 봐.

바우가 저의 어머니가 살아 계시지 않다는 것을 입증하던 중이었습니다. 바우는 저의 어머니가 살아 계시다는 증거가 없다고 말했습니다. 그래서 저는 증거가 있다고 말했고요.

달래가 증거가 있다고 하게 되면, 그것에 대한 입증 책임은 달래가 떠안게 돼. 그 전에 먼저 '달래 어머니가 살아 계시다는 증거가 없다'고 해서 '달래 어머니는 살아 계시지 않다'고 주장할 수 있는지를 검토해 봐야 하는 거야.

그렇게 주장할 수 없습니다. 증거가 없어도 살아 계실 수 있습니다.

그래. 그렇게 하면 되는 거야.

그럼 제가 이겼죠? 저의 어머니는 살아 계시고요.

그렇지 않아. 지금까지 정리된 것은 '달래 어머니가 살아 계시지 않다는 것은 입증되지 않았다.'는 것뿐이야. 다시 말해 달래 어머니가 살아 계시다는 것은 아직 입증되지 않았어.

그럼 어떻게 해야 저의 어머니가 살아 계신다는 것을 입증할 수 있죠?

달래야, 머리 좀 써라. 집에 전화를 걸어 보면 알 거 아냐!

그렇구나! 선생님, 집에 전화를 걸어 어머니가 받으면, 어머니가 살아 계신다는 것이 증명되는 거죠?

'어머니가 받으면'? 어머니가 전화를 받는다는 것을 어떻게 알 수 있지?

목소리를 들으면 알 수 있지요!

누군가 어머니의 목소리를 흉내낼 수도 있지 않을까?

달래야, 이쯤 해서 손드는 게 좋겠다. 입증하는 방법을 정식으로 배우지 않고는 안 되겠어.

네 말이 맞아. 그렇지만 갑자기 어머니가 잘 계시는지 걱정되는데……. 아무래도 집에 전화를 걸어 봐야겠어. (집에 전화를 건다.) 이상해요. 아무도 전화를 받지 않아요. 이 시간에는 항상 집에 계셨는데……

5. 다음 이솝 이야기 중 양치기 소년이 왜 곤경에 빠지게 되었는지 생각해 보자.

양치기 소년이 마을 뒷산에서 양 떼를 지키고 있었다.

하루 종일 혼자 있다 보니 심심해진 소년은 문득 마을 사람들을 골탕먹이면 참 재미 있겠다는 생각이 들었다.

"늑대예요, 늑대! 늑대가 나타났어요!"

양치기 소년은 마을을 향해 소리쳤다.

마을 사람들이 삽과 곡괭이를 들고 헐레벌떡 뒷산으로 달려왔다.

소년은 마을 사람들을 보자 재미있다는 듯이 막 웃었다.

재미를 붙인 소년은 장난삼아 또 거짓말을 했다.

"늑대가 나타났어요!"

그러나 이번에도 늑대는 없었다.

마을 사람들은 또다시 속았다는 것을 알았다.

그러던 어느 날, 굶주린 늑대가 정말로 나타났다.

"늑대, 늑대예요! 늑대가 진짜 나타났어요."

소년은 깜짝 놀라 있는 힘을 다해 소리쳤다.

하지만 두 번이나 속았던 마을 사람들은 양치기 소년에게 달려가지 않았다.

결국 양들은 늑대에게 모두 잡아먹히고 말았다.

6. 다음 이야기 속의 마나님이 어떤 잘못을 저질렀는지 생각해 보자.

이상한 거위를 기르는 마나님이 있었다.

이 거위는 신기하게도 황금으로 된 알을 하루에 꼭 한 개씩만 낳았다.

당연히 마나님은 거위를 아주 많이 귀여워했다.

거위가 낳은 황금알을 팔아서 부자가 된 마나님은 어느 날 이렇게 생각했다.

"난 더 큰 부자가 되고 싶은데, 저 거위는 황금알을 한 개씩밖에 낳지 않으니……."

마나님은 한꺼번에 많은 황금알을 가지고 싶었다.

"저 거위의 뱃속에는 아마 수십 개의 황금알이 들어 있을 거야."

욕심에 눈이 어두워진 마나님은 거위의 배를 갈랐다.

그러나 거위의 뱃속에는 황금알이 한 개도 들어 있지 않았다.

그 거위의 뱃속은 여느 거위의 뱃속과 조금도 다름이 없었다.

"세상에! 황금알은커녕 거위알도 들어 있지 않다니! 이럴 줄 알았으면 거위를 그냥 놔두는 건데……."

마나님은 죽은 거위를 부둥켜안고 통곡했다.

7. 다음 대화에서 입증되지 않은 주장들을 가려 내고 그 이유를 생각해 보자.

"바른 대로 말해. 네가 이 지갑을 소매치기한 것은 사실이잖아?"

형사가 소매치기 용의자에게 호령했다.

"맞아요. 하지만 그 지갑 속에는 돈이 3만 원밖에 들어 있지 않았어요."

"지갑 주인은 20만 원을 넣어 두었다고 하는데?"

"거짓말입니다."

"거짓말은 네가 하고 있어."

8. 신약 성서 디도서 1장 12절에 의하면, 그레데의 선지자 에피메니데스는 "우리 그레데 사람들은 언제나 거짓말쟁이고 몹쓸 짐승이고 먹는 것밖에 모르는 게으름뱅이이다."라고 말하였다. 이 말이 어떤 문제를 발생시키는지 생각해 보자.

여러 가지 추리들

너희들, 입증 책임을 묻는 놀이를 해 보았니?

해 보았는데 아주 재미 있었습니다. 친구들이 어떤 주장을 하든, "왜 그렇지?" 하고 물었더니, 다들 쩔쩔매더군요. 정말 제가 논리적으로 아주 강해진 느낌이 들었습니다. 하지만 친구들의 대답이 진짜 옳은지를 판단하는 방법을 몰라서 답답했습니다.

저는 선생님 말씀대로 "지식 창고를 도둑맞았다."고 생각해 봤어요. 그 동안 제가 안다고 생각한 것들에 대해 "왜 그렇지?" 하고 묻고, 이유를 생각해 봤습니다. 그런데 대부분 이유가 생각나지 않았습니다. 이유가 생각나더라도, 그게 정말 받아들일 수 있는 이유인지 알 수 없어서 많이 답답했습니다.

그건 너희가 논증을 평가하는 방법을 모르기 때문이란다. 자, 그럼 먼저 논증이 무엇인지부터 알아볼까.

논증이란?

🙂 논증이라······, 벌써부터 골치가 아파 오는데요.

😊 걱정할 것 없어. 논증이 무엇인지 알면 오히려 정신이 맑아질 거야. 복
잡하게 얽힌 여러 주장들을 한 무더기의 논증으로 정리해서 볼 수 있
거든.

🙂 그게 정말인가요?

😊 그렇고말고. 아나톨 프랑스라는 프랑스의 작가는 "나는 나를 가난하
게 태어나게 한 운명에 감사한다."라고 말했어. 도대체 가난하게 태어
난 것에 감사할 이유가 무엇일까? 그는 다음과 같은 말로 우리의 궁금
증을 풀어 주었단다. "가난은 나에게 삶이 주는 유용한 선물들의 진정
한 가치를 가르쳐 주었던 것이다."
아나톨 프랑스는 다음과 같은 '논증'을 제시한 거야.

가난은 나에게 삶이 주는 유용한 선물들의 진정한 가치를 가르쳐 주었다.
_____
나는 나를 가난하게 태어나게 한 운명에 감사한다.

이 논증에서 가로선 윗부분은 '전제'이고, 아랫부분은 '결론'이야. 그
러니까 가로선은 '따라서'나 '그러므로'처럼 다음에 나오는 주장이 결
론이라는 것을 말하는 선이지. 가로선을 쓰지 않고 결론 앞에 간단히
'그러므로 기호(∴)'를 쓰기도 하지.
전제는 보통 하나 이상의 주장으로 되어 있고, 결론은 보통 하나의 주
장으로 되어 있어. 물론 결론이 둘 이상인 경우도 있단다.

이러한 논증을 마음속에서 진행시키는 것을 '추리' 또는 '추론'이라고
하는데, 논증은 추리 또는 추론의 내용인 셈이지. 그리고 말로 표현된
논증을 '논변'이라고 해.

 비슷한 말들이지만 조금씩 다르군요.

연역 추리

 그리고 위와 같은 논증을 '연역 논증' 또는 '연역 추리'라고 하지.

 왜 연역 추리인가요?

 연역 추리는 '전제를 가지고 결론을 증명하고자 하는 추리'라고도 하
고, '전제에서 결론을 이끌어 내는 추리'라고도 하지. 그래서 타당한
연역 추리의 경우 '전제에서 결론이 도출된다.'고도 하고, '전제가 결
론을 엄밀하게 함의(含意)한다.'고도 해.

'타당한 연역 추리'

'부당한 연역 추리'

🧑 '타당한 연역 추리'라니요?

🧑‍🦱 타당한 연역 추리란 '전제가 모두 참일 경우 결론도 참일 수밖에 없는 추리'를 말해.

👩 좀더 쉽게 설명해 주세요.

🧑‍🦱 (주머니 속의 동전을 꺼내 보여 주며) 자, 봐라. 내 오른쪽 주머니에 100원짜리 동전 두 개와 500원짜리 동전 한 개가 들어 있어. 그 외엔 아무것도 없고. 그럼 대답해 봐라. 내 주머니에서 200원을 꺼낼 수 있을까?

🧑 꺼낼 수 있습니다. 그런데 선생님의 팔이 갑자기 마비되면…….

🧑‍🦱 내 팔이 마비되더라도 원칙적으로는 꺼낼 수 있지?

🧑 그렇습니다.

그럼 300원을 꺼낼 수 있을까?

꺼낼 수 없습니다.

왜지?

100원짜리 동전은 두 개밖에 없기 때문입니다.

내가 "100원짜리 동전 3개를 꺼낼 수 있을까?"라고 물었던가?

아닙니다. "300원을 꺼낼 수 있는가?"라고 물으셨습니다. 선생님의 오른쪽 주머니에는 모두 700원이 들어 있습니다. 따라서 거기에서 300원을 꺼낼 수 있습니다.

맞았어. 그럼 800원은?

꺼낼 수 없습니다.

그렇지. 이처럼 타당한 연역 추리는 전제에서 꺼낼 수 있는 것을 꺼내는 추리를 말해. 부당한 연역 추리는 전제에서 꺼낼 수 없는 것을 꺼내려는 추리이고.

타당한 연역 추리라는 게 별거 아니군요. 그러니까 주머니에 있는 돈의 범위 내에서 쓰는 건 타당한 연역 추리네요. 그리고 부당한 연역 추리는 주머니에 있는 돈의 범위를 넘어서 마구 쓰다가 신용 불량자가 되는 추리이고…….

바우야, 진정해.

내가 흥분 안 하게 되었니? 돈이 왔다갔다하는 판인데…… (머리를 긁는다.)

그런데 선생님, 동전으로 예를 든 건 이해하겠는데, 이 예를 구체적으로 어떻게 적용해야 하는지는 모르겠습니다.

타당성

🧑 실제로 어떤 논증이 타당한지를 알아보기 위해서는, 무엇보다 연역 추리의 정의에 맞는가부터 조사해 봐야 해. 즉 어떤 '논증 A가 타당하다'는 것은 "필연적으로, 만일 A의 전제가 참이라면 그 결론도 참이다."를 뜻해.

부당한 논증은 타당하지 않은 논증으로서, 전제는 참일지라도 결론은 반드시 참인 것은 아닌 논증이야. 그래서 어떤 '논증 A가 타당하다'는 것은 "필연적으로, 만일 A의 결론이 거짓이라면, 전제들 중 적어도 하나가 거짓이다."를 뜻하기도 해. 결론이 거짓인데 전제들이 모두 참인 논증은 부당한 논증이기 때문이지.

🧑 제가 경솔했습니다. '별거 아니다'는 말을 취소합니다.

🧑 그렇다고 해서 그렇게 겁먹을 것까지는 없어. 실제로 논증을 가지고 연구해 볼까? 다음 논증이 타당한지 판단해 보아라.

(1) 나는 외계인이 존재한다고 확신한다. 따라서 외계인은 존재한다.

🧑 부당합니다. 확신하는 것과 사실은 다른 경우가 많습니다.

🧑 그래. 확신이 아무리 강할지라도, 사실을 보장하지는 못하지. 그럼 다음 논증은?

(2) 그는 10층 아파트 꼭대기에서 떨어졌다. 따라서 그는 사망하였다.

🧑 타당합니다. 10층에서 떨어지면 죽습니다.

아닙니다. 더 높은 곳에서 떨어졌는데도 살아난 사람들이 있습니다. 나뭇가지에 걸려서…….

그건 예외잖아!?

달래 말이 맞아. 10층에서 떨어졌다면 죽지 않은 게 더 이상한 거지. 그러나 단 한 사람이라도 살아남을 수 있다면 이 논증은 부당하게 돼.

하기야 119가 출동해서 떨어지는 사람을 그물 같은 것으로 받기도 하더군요.

그렇다면 다음 논증은 타당할까?

(3) 지금까지 언제나 동쪽에서 해가 떴다. 따라서 내일도 동쪽에서 해가 뜰 것이다.

이건 제가 보증하겠습니다. 타당합니다.

바우가 보장하는 것이 아니라 자연 법칙이 보장합니다. 타당합니다.

내일 동쪽에서 해가 뜨지 않을 가능성은 전혀 없을까?

어쩐지 수상한데……?

전혀 없지는 않습니다. 지구가 궤도를 이탈할 수도 있고…….

태양이 폭발하여 사라질 수도 있습니다.

그래. 좀 황당한 생각 같지만, 그럴 가능성이 전혀 없는 것은 아니야. 따라서 (3)도 연역적으로 부당한 논증이지. 그럼 다음 논증은 어떨까?

(4) 고통스러워도 남에게 말하지 마라. 신음하는 부상자에게는 매나 독수리가 덤벼든다. (아라비아 속담)

👧 "고통스러워도 남에게 말하지 마라."가 결론이지요?

👦 그러니까 부상을 당해 신음하는 동물에게 매나 독수리가 덤벼드는 것처럼, 남에게 고통을 말하면 오히려 위험한 일을 당한다는 말이군요.

👴 맞았어.

👦 부당합니다. 동물은 그럴지 모르지만, 사람은 다릅니다. 전혀 모르는 남이라도 고통을 당하고 있으면 돕는 경우가 많습니다.

👴 잘했어. 그럼 다음 논증은?

(5) 살인 현장에서 발견된 칼에서 박씨의 지문이 발견되었다. 따라서 살인범은 박씨이다.

👦 칼에서 박씨 지문이 발견되었다면 박씨가 살인범으로 몰릴 만합니다.

👴 논증이 타당하다는 것인가?

👦 타당한 것 같습니다. 박씨가 살인범이 아니라면, 어떻게 그 칼에서 박씨의 지문이 나올 수 있었겠습니까?

👧 부당한 논증입니다. 살인 현장에서 발견되었다고 해도 그 칼이 살인 도구가 아닐 수도 있습니다. 박씨 지문도 조작된 것일 수 있구요.

👴 달래 말이 맞아. 그러니까 수사관들도 지문만으로 범인을 단정하지는 않지. 마지막으로 다음 논증이 타당한지 생각해 보아라.

(6) 모든 사람은 정직하다. 정치인은 사람이다. 따라서 정치인은 정직하다.

👦 부당합니다. 모든 사람이 정직하다니, 터무니없는 거짓말입니다.

👧 저도 그렇게 생각합니다.

"모든 사람은 정직하다."는 주장은 물론 거짓이지. 그러나 만일 이 주장이 참이라면 어떻게 되지? 결론은 전제들에서 나오는 게 아닌가?

그야 그렇지요.

따라서?

아! 그렇군요. (6)은 타당한 연역 추리입니다. 만일 사람들이 모두 정직하고 또 정치인도 사람이라면, 정치인도 정직할 수밖에 없습니다. 연역 추리의 정의에 맞는 논증입니다.

그래. (6)은 타당한 논증이야.

그렇지만 선생님, 전제가 거짓인데 어떻게 논증이 타당하다는 거죠?

논증의 타당성 여부를 따질 때는 전제와 결론의 관계만 생각해야 해. 전제가 참인지 거짓인지는 생각할 필요가 없어. 논증의 타당성은 전제가 거짓일지라도 참이라고 가정할 경우 결론도 참이어야 하는지를 보아서 판단하는 거야.

전제가 참인지 거짓인지를 생각할 필요가 없다. 이해할 수 없습니다.

당연히 전제가 참인지 거짓인지는 중요한 문제야. 그러나 타당성만을 놓고 따질 때는 생각할 필요가 없다는 거야. 전제가 참인지 거짓인지는 논증이 타당하다는 것이 밝혀진 다음에 생각할 문제야. 이 점은 다음 수업에서 연구해 보기로 하자.

그런데 선생님, 위의 일곱 개 논증 중에서 (6)만 타당하다는 것은 이상해요. 나머지는 모두 쓸모가 없나요?

그렇지 않아. 연역적으로 부당한 논증이라고 해서 쓸모없는 건 아냐. (3), (4), (5)는 연역적으로는 부당하지만 매우 쓸모 있는 추리들이거든. 이제 연역 추리가 아닌 다른 추리들을 연구해 보자.

타고난 반골

 다음 글을 가지고 연구해 볼까?

종교 개혁, 프랑스 혁명, 진화론, 코페르니쿠스의 지동설, 뉴턴의 만유 인력, 아인슈타인의 상대성 이론……. 인류 역사의 물줄기를 바꾼 대사건이나 이론이 제기될 때마다 사람들은 양편으로 나뉘어 '혈투'를 벌였다. 이런 혁명적인 상황에서 어느 편에 서느냐는 가족 내 출생 서열에 크게 좌우된다는 주장을 담은 책이 미국에서 출간돼 화제다. 미국 MIT의 연구 학자인 프랭크 설로웨이(Frank J. Sulloway)가 28년에 걸친 연구 결과를 담은 『타고난 반골』이 그것.

지난 5세기 동안 굵직한 역사적 사건 26건을 대상으로 당시의 과학자 및 정치가 6000여 명을 장남과 장남 아닌 사람으로 구분해 각각의 반응을 분석했다.

그 결과는 '혁명적' 아이디어를 내놓거나 사건을 일으킨 사람은 거의가 장남이 아니었으며, 그런 사건이 터질 때마다 가장 앞장섰던 인물 역시 대부분 장남이 아니었다는 것이다. 다시 말하면 장남이 아닌 사람들이 혁신이나 사회 변화에 보다 개방적이었다는 뜻이다.

우리 주변에서도 형제들이 남남처럼 보이는 예를 흔하게 접한다. 이에 대해 저자는 똑같은 환경이라도 형제간 서열에 따라 각각 다르게 작용하기 때문이라고 설명한다.

"자녀들마다 성향이 크게 다르게 형성되는 이유는 부모들이 베풀 수 있는 지적, 정서적, 물질적 '자원'을 서로 많이 확보하기 위해 형제들끼리도 치열한 경쟁을 벌이기 때문이다. 형제들이 저마다 최고로 꼽는 것은 당연히 부모의 사랑이다."

부모의 애정을 확보하는 전략을 보면 장남의 경우 동생들에게 '대리 부모'의 역할을 떠맡고 나서는 것이다. 그런 역할을 일찌감치 장남에게 빼앗겨 버린 동생들은 붙임성을 보임으로써 가족 내에서 자신의 위치를 확보하려고 노력한다.

"장남들은 대체로 지배적, 공격적, 보수적, 야심적이며 질투심도 강하다. 장남이 아닌 사람들은 가족 내에서 장남에게 빼앗긴 역할을 새롭게 찾기 위해 관심 분야를 확대해 나간다. 그것은 바로 개방성으로 통한다. 위험에 처했을 때 한 번 도전해 보겠다는 의지도 차남들이 더 강하다. 그러나 장남 아닌 사람들은 다른 사람의 엄격한 리더십을 잘 참아내지 못한다."

찰스 다윈이 진화론을 주창하기까지 서구 지성계의 풍경을 살펴보는 것도 재미있다. 진화론 논쟁에 불을 붙인 것은 다윈의 자연도태설이었지만, 진화론이란 개념은 그보다 1세기 전인 1740년대에 베누아 드 마이어에 의해 도입됐다.

그 뒤 다윈의 『종의 기원』이 발표되기까지 1세기 동안 진화론에 대한 과학자들의 입장은 어떠했는가? 그때까지 어떤 식으로든 의견을 개진했던 과학자 중에서 장남이 아니었던 사람은 117명. 이 중 48%에 해당하는 56명이 이 이론에 호의적이었다. 그러나 이 기간에 의견을 발표했던 장남 과학자 103명 중 진화론에 동조적이었던 사람은 9명에 지나지 않았고, 그나마도 『종의 기원』이 발표된 1850년대에 견해를 바꾼 사람이 태반이었다. 다윈 본인도 형제자매 6명 중 다섯 번째였다. 프랑스 과학자들이 진화론에 특히 강력하게 맞섰다. 다윈이 '도대체 믿을 수 없는 프랑스인들'이라고 불평을 털어놓았을 정도였다고 한다. 이에 대해서도 저자는 인구 통계상의 특성으로 풀이한다. 프랑스의 경우 다른 유럽 국가들보다 50년 이상 앞서서 자녀 수를 줄이는 경향이 자리잡는 바람에 장남의 수가 월등히 높았기 때문이라는 설명이다.

저자가 과학사 박사여서 주로 과학 분야를 다뤘는데도 불구하고 이 책은 엉뚱하게도 미국 경영계에서 큰 반향을 불러일으키고 있다. 경영계를 뒤흔들고 있는 정보화 소용돌이가 혁명에 버금가기 때문이다.

그래서 미국 언론에서도 앞다퉈 경영계 진단에 설로웨이 박사의 이론을 차용하고 나섰다. 색인까지 합쳐 650여 쪽에 달하는 이 책은 이런 분위기에 힘입어 2개월 만에 10만 부나 팔렸다. 자칫하다가는 장남이라는 이유만으로 대표이사 선출 등에서 불이익을 당하는 경우도 발생할지 모를 일이다.(중앙일보, 1997. 3. 4.)

설로웨이 박사는 먼저, "왜 종교 개혁, 프랑스 혁명, 진화론, 코페르니쿠스의 지동설, 뉴턴의 만유 인력, 아인슈타인의 상대성 이론 등과 같은 역사의 물줄기를 바꾼 혁명적 사건들이 발생할 때, 어떤 사람은 찬성하고 어떤 사람은 반대하는 것일까?"라는 의문을 가졌어.

곧 "역사는 위와 같은 혁명적 사건들이 발생함으로써 발전한다. 따라서 역사의 발전을 바란다면, 현실에 안주하지 말고 적극적으로 변화를 추구할 필요가 있다. 그런데 역사적 사건이 발생했을 때 어떤 사람은 찬성하고 어떤 사람은 반대한다. 물론 사람들은 우연히 찬성하거나 반대할 수 있다. 그러나 어떤 '일반성'이 있을 수도 있다."

그는 이러한 문제 의식을 가지고 연구에 착수한 거야.

귀납 추리

설로웨이 박사는 이 의문에 대한 답을 얻기 위해 먼저 특수 사실들을 조사했어. 그는 지난 5세기 동안에 일어난 굵직한 역사적 사건 26건과 관계된 당시의 과학자와 정치가 6000여 명을 장남과 장남이 아닌 사람으로 구분해서, 각각의 반응을 분석했어.

그리고 그는 '혁명적'인 아이디어를 내놓거나 역사에 남는 사건을 일으킨 사람은 거의가 장남이 아니었으며, 그런 사건이 터질 때마다 가장 앞장섰던 인물 역시 대부분 장남이 아니었다는 사실을 발견했지. 이러한 사실을 근거로 하여 그는 "장남보다는 장남이 아닌 사람들이 혁신이나 사회 변화에 더욱 개방적이다."는 결론을 내렸어. 특수 사실들이 가진 성격을 일반화하는 추리 방법을 '귀납 추리' 또는 '귀납적 일반화'라고 하는데, 그는 이 귀납 추리를 이용한 거야.

역사적 사건들을 조사해 보고, "장남보다는 장남이 아닌 사람들이 혁신이나 사회 변화에 더욱 개방적이다."는 사실을 발견했을 뿐인데 왜 그게 귀납 추리죠?

"장남보다는 장남이 아닌 사람들이 혁신이나 사회 변화에 더욱 개방적이다."는 일반적 사실이지?

그렇습니다.

그런데 설로웨이 박사가 발견한 것은 모두 특수한 것들이야. 엄밀하게 말하면, 그는 이러저러한 경우에 장남이 아닌 사람이 더욱 혁신적이고 개방적이었다는 개별적 사실들을 말해야겠지. 그러나 특수 사실들을 있는 그대로 전하는 것은, 그 나름대로 뜻은 있겠지만 학문의 발전에도 기여하지 못하고 세계를 이해하는 데도 도움이 되지 않아. 따라서 특수 사실들이 가진 일반적 성질을 끄집어 내야 하는데, 이것을 가능하게 하는 게 귀납 추리야.

특수 사실들에 숨어 있는 일반적 성질을 발견하기는 어려울 테니까, 학자들이나 귀납 추리를 할 수 있겠군요!

그렇지 않아. 우리는 누구나 귀납 추리를 할 수 있어. 심지어는 어린아이들까지도 말야. 벌이 무엇인지 모르는 아이는 호기심이 생겨서 벌을 잡으려고 해. 그러다가 벌에 쏘이면 어떻게 되지?

벌을 무서워하겠죠.

자기를 쏘았던 바로 그 벌만 무서워할까?

아닙니다. 벌이라면 모두 무서워할 겁니다. 아이는 단 한 번 어떤 벌에 쏘였지만, "벌은 모두 쏜다."고 일반화하기 때문에, 어떤 벌이든지 무서워하는 겁니다.

맞았어. 어린아이라도 벌에 쏘인 단 한 번의 경험을 일반화할 줄 알지? 이처럼 귀납 추리는 사물과 사건에 숨어 있는 일반성, 보편성, 항상성(恒常性), 또는 규칙성을 드러내는 추리야. 따라서 특수 사실들을 관찰할 때는, 그 안에 어떤 요소가 불변하는 요소인지 꿰뚫어 볼 수 있어야 좋은 귀납 추리를 할 수 있어. 너희들 원효 대사의 일화를 알고 있지?

처음에 황룡사에서 득도를 한 원효(元曉)는, 34세 때에 당나라에 유학하기로 결심을 하고 먼길을 떠났다. 그러나 고구려 사람들에게 첩자(諜者)로 몰려서 가지 못했다. 그후, 의상(義湘)과 함께 당나라로 불교를 연구하려고 가는 도중에 날이 저물어 토굴에서 자게 되었다. 자다가 목이 말라 물을 맛있게 마셨는데, 아침에 깨어 보니, 해골에 괸 물을 마신 것이었다.

원효는 구토를 하였다. 그러면서, 같은 물인데도 마음의 상황에 따라 다르게 느껴지는 것에서 진리를 깨닫게 되었다. 한 가지 마음이 일어나면 모든 깨달음이 일어나고, 한 가지 마음이 사라지면 모든 깨달음도 사라진다. 모든 세상은 오직 마음뿐이고, 모든 깨달음도 마음속에 있으니, 어찌 따로 구하려고 애쓸 것인가?

(『중학교 도덕 1』, 교육부, 1998, 63쪽)

원효 대사가 진리를 깨달은 이야기인 줄 알았는데……. 귀납 추리를 했다는 말씀이십니까?

맞아. 그는 같은 물이라도 해골에 괸 물인 줄 몰랐을 때와 알았을 때의 느낌이 완전히 달라진다는 사실을 경험하고 깨달음에 도달한 거야. 즉 다음과 같은 귀납 추리의 전제를 경험하고, 결론을 깨달음으로 얻은 것이지.

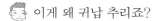

맛있게 마신 물이 알고 보니 해골에 괸 물이었다는 것을 알자 구토가 나왔다.

모든 세상은 오직 마음뿐이고, 모든 깨달음도 마음속에 있다.

이게 왜 귀납 추리죠?

같은 물인데도 마음의 상황에 따라 맛있기도 하고 구토가 나오기도 하는 자신의 체험을 일반화하여, 모든 것이 마음에 달렸다고 깨달았기 때문이야.

그러니까 원효 대사가 깨달은 진리는 이 귀납 추리로 얻은 결론이었군요!

그래. 그는 어느 날 한 광대가 이상한 모양을 한 큰 표주박을 가지고 춤추는 것을 보고 크게 깨달아, "모든 것에 거리낌이 없는 사람이라야 생사의 편안함을 얻는다."는 내용의 무애가(無碍歌)를 지어 화엄경의 이치를 누구나 알아들을 수 있게도 하였지. 이렇게 좋은 귀납 추리를 할 수 있었기에 그는 한국 불교가 낳은 불멸의 스승이 될 수 있었던 거야.

그랬군요.

그런데 원효 대사는 몇째였나요? 차남이 아니었을까요?

그건 알려진 사실이 없어서 모르겠구나. 어떻든 너희들, "장남보다는 장남이 아닌 사람들이 혁신이나 사회 변화에 더욱 개방적이다."는 말을 듣고 궁금한 게 없니?

왜 장남이 아닌 사람이 장남보다 더 혁신적이고 개방적일까요?

그게 궁금하지?

가설 추리

설로웨이 박사는 형제간의 서열에 따라 성향이 다르게 형성된다는 점을 알아 냈지만, 거기에 만족할 수 없었어. 왜 형제간의 서열에 따라 성향이 다르게 형성되는지 궁금했기 때문이야.

그래서 그는 더 깊은 연구를 했어. 그리고 "부모들이 베풀 수 있는 지적 · 정서적 · 물질적 '자원'을 더 많이 확보하기 위해 형제끼리도 치열한 경쟁을 벌이기 때문"이라는 결론에 이르렀어. 장남은 부모의 사랑에 대한 기득권을 다른 형제에게 양보하지 않아. 그래서 "장남이 아닌 사람들은 가족 내에서 장남에게 빼앗긴 역할을 새롭게 찾기 위해 관심 분야를 확대해 나간다. 그것은 바로 개방성으로 통한다."는 것이었어.

설득력이 있어요.

장남은 대부분 보수적이고 장남이 아닌 형제는 대부분 진보적이라는 현상은 매우 흥미롭지? 그런데 그건 왜 그럴까? 이 현상을 설로웨이 박사는 '가족 관계설'이라는 가설로 설명한 거야. 만일 가족 관계설이 옳다면, 형제들의 성향은 우연히 형성되는 게 아니라, 서열에 따라 인과적으로 형성되는 거야.

현상, 가설, 설명…… 따라가기가 어렵습니다.

현상(現象)이란 '인간이 가지고 있는 내적·외적 감각 기관을 통해 지각되는 사물의 모양이나 상태'를 뜻해. 꽃이 피고, 비바람이 불고, 누룩이 발효하고, 지진이 일어나는 것 같은 자연 현상도 있고, 컴퓨터를 만들고, 시를 쓰고, 저축을 하고, 전쟁을 하는 등의 인간(문화) 현상도 있지. 오관(五官)을 통해서 보고, 듣고, 만지고, 맛보고, 냄새 맡을 수 있는 것들이 있는가 하면, 내적 성찰에 의해서 지각되는 느낌이나 생각도 있고.

그런데 이러한 현상들은 왜 일어날까? 우리는 이러한 현상들이 일어나게 된 원인을 알고 싶어해. 그리고 그 원인이라고 생각되는 것을 추정하게 되는데, 이것을 '가설'이라고 해. 다시 말해 우리는 현상을 설명하기 위해서 가설을 내놓는 거야.

'설명'이라는 말이 특이하게 사용되는 것 같아요.

그렇지? 보통 우리가 '설명한다'라고 할 때는 '이해하기 좋게 말하여

밝힌다.'는 의미로 받아들여. "'고진감래(苦盡甘來)'라는 말이 어떤 뜻인지 설명해 주겠어?"의 경우에서처럼 말야.

반면에 과학적인 의미에서 '설명한다'는 말은 '주어진 현상이 왜 일어나게 되었는지를 밝힌다.'는 뜻이야. 과학적인 가설뿐만 아니라 어떤 가설이든 가설로서의 자격을 부여받으려면 바로 이 설명력을 가지고 있어야 하는 거야.

가설의 설명력

🙍 가설이 설명력을 가지고 있는지는 어떻게 알 수 있죠?

🧑 가설이 설명력이 있는지를 알아보기 위해서는 논증의 전제와 결론을 뒤집어서 타당한 연역 논증이 되는지 살펴봐야 해. 밖에서 지금 무슨 소리가 들리고 있지?

🧑 비상 경적 소리입니다.

🧑 비상 경적 소리가 왜 들릴까?

🧑 가까운 어딘가에서 불이 났을 겁니다.

🧑 방금 바우가 한 추리는 다음과 같아.

밖에서 비상 경적 소리가 들린다.
_____

가까운 어딘가에서 불이 났다.

이것은 '밖에서 비상 경적 소리가 들리는 현상'을 "가까운 어딘가에서 불이 났다."는 가설로 설명하고자 하는 가설 추리야. 그럼 이 가설은 설명력이 있을까?

 논증의 전제와 결론을 바꾸어 연역적으로 타당한 논증이 되나 살펴보면 알 수 있다고 하셨죠?

그랬지.

 위의 논증의 전제와 결론을 뒤집으면 다음과 같습니다.

가까운 어딘가에서 불이 났다.
_____

밖에서 비상 경적 소리가 들린다.

잘 했구나! 그러나 다음과 같이 둘째 전제를 보충해 넣으면 설명력을 더 잘 확인할 수 있어.

가까운 어딘가에서 불이 났다.
만일 가까운 어딘가에서 불이 났다면, 밖에서 비상 경적 소리가 들릴 것이다.
_____

밖에서 비상 경적 소리가 들린다.

이 논증은 전제를 받아들이면 결론도 받아들일 수밖에 없는 타당한 연역 논증이야. '전건 긍정법'이라는 이름이 있을 정도로 많이 사용하는 형식이지. '만일 p라면 q'와 같은 형식의 주장을 '조건문'이라고 해 보자. 이때 p를 그 조건문의 '전건', q를 '후건'이라고 하는데, 전건 긍정법이란 전건인 p를 긍정하여 후건인 q를 결론으로 이끌어 내는 논증이야.

일반적으로 가설 추리는 다음과 같이 현상을 보고 가설을 추정하는 추리를 말해.

현상
――――――
가설

그리고 이 가설이 설명력이 있는지 알아보려면, '만일 가설이 참이라면 현상이 나타난다'라는 조건문이 정당화되는지를 판단해 보면 돼. 가설은 이 조건문이 정당화되는 정도에 따라 설명력의 정도가 결정되지. 이 조건문이 높게 정당화될수록 가설은 그만큼 설명력이 강해지고, 이 조건문이 정당화되지 않을수록 가설은 설명력이 떨어지게 된다는 말이야. 이 조건문을 받아들일 수 없을 경우 가설은 가설로서의 역할도 할 수 없는 거고.

그러니까 "만일 가설이 참이라면, 현상이 나타난다."는 조건문이 정당화되는지만 보면 되겠군요. 이제 가설의 설명력을 조사하는 거라면 자신 있습니다. 어떤 문제든 내 보십시오.

그럼 한번 해 볼까.

"아이가 운다. 따라서 아이는 배가 고프다."

"아이는 배가 고프다."는 가설은 설명력이 있습니다. "배가 고프면, 아이는 운다."는 조건문이 정당화되기 때문입니다.

"아이가 운다. 아직도 남북 통일이 안 되었기 때문이다."는?

"아직 남북 통일이 안 되었다."는 주장은 아이가 우는 현상에 대한 설명력이 없습니다. 이북에 고향을 둔 할아버지가 운다면 몰라도, 남북 통일이 안 되었다고 아이가 울 리 없습니다. 따라서 이 주장은 가설조차 될 수 없습니다.

자연법칙

그렇지만 정말로 아이가 배가 고파서 우는지는 알 수 없잖아요? 이런 가설 추리로 무엇을 할 수 있죠?

'이런 가설 추리'? 가설 추리를 우습게 여기는 모양인데, 어떤 자연법칙도 가설 추리의 도움이 없다면 발견할 수 없단다.

인간은 이성적인 존재로서 태어났기 때문에 모든 현상을 합리적으로 이해하고 받아들이려는 성향이 강해. 우리는 "콩 심은 데 콩 나고 팥 심은 데 팥 난다."는 것을 제한된 경험을 바탕으로 한 귀납 추리를 통해 알고 있어. 그러나 왜 콩 심은 데 콩이 나고 팥 심은 데 팥이 나는 것일까? 하고 끊임없이 묻고 답을 찾지. 그렇게 하지 않고서는 이 현상을 합리적으로 이해할 수가 없기 때문이야.

평소에 놀기 좋아하는 친구가 성적이 좋을 경우, 우리는 어떤 식으로든 이 현상을 합리적으로 설명하려고 애를 써. 그래서 우리는 "아마 그는 머리가 좋을 거야."라든가 "그는 우리가 안 볼 때 열심히 공부한다."는 등의 가설을 생각하게 돼.

과학자들은 DNA 가설로 콩이나 팥을 비롯해 생명 현상을 설명하지. 물리 · 화학 · 생물 등의 자연 과학뿐만 아니라, 경제학 · 사회학 · 철학 · 종교학 같은 인문 사회 계열의 학문들 역시 관심 분야의 현상들에 대한 이론, 곧 가설의 체계를 수립하는 것을 목적으로 탐구 활동을 하고 있지.

다른 학문은 몰라도 물리학이나 화학, 생물학 등은 가설이 아니라 자연법칙을 발견하는 학문이 아닌가요?

과연 자연법칙을 '발견'할 수 있을까?

그렇다면…… 자연법칙도 일반적 사실에 관한 주장인가요?

그래. 자연법칙이란 자연 현상을 일반적 진술의 형식으로 표현한 가설이야. '자연법칙'이라고 하는 것은 자연 속에 있는 법칙 자체가 아니라, 우리가 법칙이라고 추정한 것이거든. 물론 과학자들은 자연의 법칙을 그대로 드러내는 '법칙적 진술'을 찾아내려고 노력하지. 그러나 아무리 진리에 가깝다 할지라도 가설은 가설일 뿐이야. 법칙은 '세계'라는 현상을 설명하기 위해 사람들이 제시하는 여러 종류의 가설 가운데 하나일 뿐이야.

하지만 과학자들은 단순한 가설이 아니라 이론을 내놓지 않나요?

'이론'이라고 하면 굉장한 것처럼 생각되지만, 꼭 그렇지 않단다. 사실 이론은 가설의 체계에 불과하거든.

그럼 이론이나 자연의 법칙도 믿을 수 없군요!

결론이 그렇게 나오나?

그렇지 않습니다. 가설들 중에는 좋은 가설도 있고 나쁜 가설도 있을 것입니다.

맞았어. 그래서 어떤 가설이나 이론은 법칙의 대우를 받는가 하면, 어

떤 가설이나 이론은 전혀 인정을 받지 못하고 폐기되는 거야.

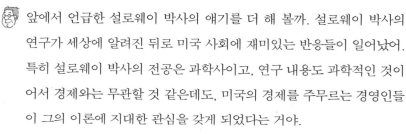 어떻든 우리가 배우는 자연 과학 이론이 모두 가설의 체계라니, 믿어지지 않아요.

함의

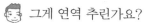 앞에서 언급한 설로웨이 박사의 얘기를 더 해 볼까. 설로웨이 박사의 연구가 세상에 알려진 뒤로 미국 사회에 재미있는 반응들이 일어났어. 특히 설로웨이 박사의 전공은 과학사이고, 연구 내용도 과학적인 것이어서 경제와는 무관할 것 같은데도, 미국의 경제를 주무르는 경영인들이 그의 이론에 지대한 관심을 갖게 되었다는 거야.

이유는 간단해. 그들은 설로웨이 박사의 이론이 매우 그럴 듯하다고 생각했으며, 그 이론을 전제로 하여 '정보화'라는 새로운 시대에 어떤 인사 정책을 펴는 것이 좋을지를 추리한 거야. 이른바 '연역 추리'를 한 것이지.

그게 연역 추린가요?

그래, 미국의 경제인들은 다음과 같은 연역 추리를 한 거야.

장남보다는 차남이 새로운 변화에 더욱 적극적으로 대처할 수 있다. (설로웨이의 이론)

정보화 시대에는 새로운 변화에 적극적으로 대처할 수 있는 인물이 필요하다.

장남보다는 차남을 중용하는 것이 좋다.

이 연역 추리는 타당하군요. 설로웨이 박사의 이론이 맞다면, 결론을 받아들일 수밖에 없으니 말입니다.

그래. 그리고 이 경우 설로웨이 박사의 이론이 미국 경제인들의 새로운 인사 정책을 함의(含意)한다고도 하지.

'함의'……?

그래. 다음 이야기를 읽고 연구해 보자.

　　정수동이 자주 놀러 다니는 재상집에 헛생색을 내는 마름 하나가 있었다. 수동을 보고,

　　"저희 고을에 한번 놀러 나오십시오. 별건 없어도 선달님께 얼마든지 대접하죠. 한번 꼭 좀 내려오시지요."

　　수동이 꼭 그것을 믿고 간 것은 아니지만, 어쩌다 나귀를 타고 그 고을에 가게 되었는데, 마침 그 마름 생각이 나서 그의 집을 찾아갔다. 가 본즉 대접이 말이 아니다. 술이라고 해야 텁텁한 막걸리에 안주라고는 그야말로 생짠지 절인 것 한 가지와 된장에 박은 풋고추 따위였다. 그러고는 한다는 소리가,

　　"모처럼 오셨는데, 아시다시피 산골이 돼서 뭐 나는 게 없소이다. 안주는 없으나마 술이나 많이 자시지요."

　　수동이 가만히 살펴보니 사는 형편도 괜찮을 듯한데, 참 더럽게 인색하구나 하고 느꼈다.

　　"아무렴 산골이란 그렇지, 별수 있수? 자아, 그럴 것 없이 내가 타고 온 저 나귀를 잡아 안주삼고 한잔합시다."

　　"아니, 나귀를 잡다니오? 그럼 무얼 타고 가실라고?"

　　"뭐 걱정 있소? 저기 저 큼직한 수탉을 타고 가지."

멋있게 한방 먹였군요!

어떻게 한방을 먹였지?

이렇게요…… (주먹으로 어퍼컷을 넣는 시늉을 한다.)

정수동이 하고 싶은 말의 핵심은 무엇이지?

"안줏감이 없다는 말은 거짓이다."는 것입니다.

그래. 그런데 정수동이 이 말을 그대로 했다면 정수동답지 않겠지. 그는 대신 이 말을 함의하고 있는 다른 말을 한 거야. 정수동은 다음과 같은 연역 추리의 전제들을 말하고, 이 전제들이 함의하는 결론은 알아서 파악하게 한 거야.

만일 안줏감이 없다면, 내 나귀를 잡아서 안주삼을 것이다.

만일 내 나귀를 잡아 안주삼으면 타고 갈 것이 없다.

만일 타고 갈 것이 없다면, 저기 저 큼직한 수탉을 타고 갈 것이다.

저기 저 큼직한 수탉을 타고 가는 것은 불가능하다.

———————————————————————

안줏감이 없다는 것은 거짓이다.

함의를 이용하니까 아주 수준 높은 비난이 되는군요!

"안줏감이 없다는 말이 웬말이냐? 저기 저 큼지막한 수탉은 안줏감이 아니고 무엇이냐?" 이렇게 대놓고 꾸짖지 않고, 나귀를 잡아먹고 수탉을 타고 가겠다고 빗대어 말하니, 더욱 효과가 있습니다.

좋은 예나 이야기로 빗대어 말하면, 논증이 강화되지. 특히 좋은 비유는 논증을 쉽게 이해하게 하고 호소력 있게 만든다.

이솝이 비유를 많이 이용했지요?

 예수도 그랬어요.

 맞아. 이천 년 전의 유대인들이 대학교를 나왔겠니, 고등학교를 나왔겠니. 학교라고는 문턱도 밟아 보지 못한 사람들이었어. 그런데 그들을 향해 어려운 기독교의 교리를 전한 거야. 오늘날 최고 학부를 나온 신학자들도 머리를 싸매고 연구하는 교리를 말이다. 비결이 무엇인가? 그것은 비유를 사용하는 것이었어.

유비 추리

 예를 들어, 예수는 어떤 이상한 포도원 주인의 이야기로 하늘 나라가 어떤 곳인지를 설명하였어.

하늘 나라는, 자기 포도원에서 일할 일꾼을 고용하려고 이른 아침에 집을 나선 어떤 포도원 주인과 같다. 그는 하루에 한 데나리온으로 일꾼들과 합의하고, 그들을 포도원으로 보냈다. 또 아홉 시쯤에 나가서 보니, 사람들이 장터에서 빈둥거리며 서 있었다. 그가 말하기를 "당신들도 포도원에 가서 일하시오. 적당한 품삯을 주겠소." 하였다. 그래서 그들이 일을 하러 떠났다. 주인이 다시 열두 시와 오후 세 시쯤에 나가서 그렇게 하였다. 오후 다섯 시쯤에 주인이 또 나가 보니, 아직도 빈둥거리고 있는 사람들이 있어서, 그들에게 "왜 당신들은 온종일 이렇게 하는 일 없이 빈둥거리고 있소?" 하고 물었다. 그들은 "아무도 우리에게 일을 시켜 주지 않아서 이러고 있습니다." 하고 대답하였다. 그래서 그는 "당신들도 포도원에 가서 일을 하시오." 하고 말하였다. 저녁이 되어, 포도원 주인이 자기 관리인에게 말하기를 "일꾼들을 불러, 맨 나중에 온 사람들부터 시작하여 맨 먼저 온 사람들에게까지, 품삯을 치르시오." 하였다. 오후 다섯 시쯤부터 일을 한 일꾼들이 와서, 한 데나리온씩을 받았다. 그러니 맨 처음에 와서 일을 한 사람들은, 은근히 좀더 받으려니 하고 생각하였는데, 그들도 한 데나리온씩을 받았다.

그들은 받고 나서, 주인에게 투덜거리며 말하기를 "마지막에 온 이 사람들은 한 시간 밖에 일하지 않았는데도, 찌는 더위 속에서 온종일 수고한 우리들과 똑같이 대우를 하시는군요." 하였다. 그러자 주인이 그들 가운데 한 사람에게 말하였다. "친구여, 나는 부당하게 대한 것이 아니오. 그대는 나와 한 데나리온으로 합의하지 않았소? 그대의 품삯이나 받아 가지고 돌아가시오. 그대에게 주는 것과 꼭 같이 마지막 사람에게 주는 것이 내 뜻이오. 내 것을 가지고, 내 뜻대로 할 수 없다는 말이오? 내가 후하기 때문에, 그대 눈에 거슬리오?" 이와 같이, 꼴찌들이 첫째가 되고, 첫째들이 꼴찌가 될 것이다. (마태복음, 20:1~16)

하루 종일 일한 사람과 한 시간 일한 사람을 차별하지 않고 삯을 똑같이 주는 것은 불공평하잖아요? 하늘 나라가 그런 곳인가요?

저도 이해할 수 없어요.

물론 일한 만큼 삯을 받는 것이 세상의 이치이지. 그러나 하늘 나라에서는 그렇지 않다는 거야.

왜 그렇죠?

사회적 약자를 생각해 봐. 능력도 없고, 배경도 없고, 배운 것도 없는 사람들 말야. 그들은 비참한 삶을 살지. 일자리도 없지만, 허리가 휘도록 일해도 삶의 질은 고사하고 의식주조차 해결하기 힘들어. 그런데 그들이 하늘 나라에서도 똑같은 대접을 받아야겠니? 그렇지 않다는 것이 예수의 가르침이야. 하나님은 그들을 불쌍하게 여겨 하루 종일

일한 사람과 꼭 같이 대접한다는 거야.

🙂 이해가 갑니다.

👧 포도원 주인의 이야기를 내세워 세상의 셈법과 하늘 나라의 셈법이 다르다는 것을 쉽게 설명했군요!

👨‍🦳 그래. 포도원 주인과 하나님은 전혀 다른 존재야. 그러나 포도원 주인이 삯을 치르는 방식과 유사하게 하나님이 인간을 대접한다는 것을 가르치고 있지. 유비 추리는 이처럼 서로 다른 대상이 가진 유사성을 근거로 해서 어떤 주장을 하는 추리란다.

👧 그럼, 포도원 주인의 비유를 통해 예수는 어떤 주장을 하고 싶었던 걸까요?

👨‍🦳 약자도 돌보시는 하나님을 믿으라는 것이겠지?

🙂 그렇군요! 그런데 우리는 언제 선생님처럼 논증을 분석할 수 있죠?

👨‍🦳 문제를 많이 다루면서 감각을 익혀야 해.

뛰는 놈 위에 나는 놈

👨‍🦳 다음 이야기를 가지고 연구해 보자.

> 옛날 어느 고을 부잣집에 낯선 장사꾼이 찾아와 돈 삼천 냥을 꾸어 달라고 하였다. 집주인은 담보로 내놓은 금덩어리가 족히 몇만 냥어치는 되어 보여 돈을 꾸어 주었다.
>
> 그런데 며칠 후 금광을 하는 조카가 장사꾼이 맡겨 놓은 금덩어리를 보더니, 금이 아니라 납덩이에 금박을 입힌 가짜라는 것이었다. 집주인은 그 길로 몸져눕고 말았다.

마침 이 집주인에게는 여남은 살 먹은 아들이 있었다. 아들은 아버지에게서 사연을 듣고 잠시 생각하더니, 원금은 물론 이자까지 받아 낼 계략이 있다고 하였다. 아들의 말을 듣고 집주인은 무릎을 쳤다.

그날부터 집주인은 장터, 잔칫집, 초상집 등, 사람이 많이 모인 곳을 찾아다니며 다짜고짜 울음부터 터뜨렸는데, 사연을 물으면 이렇게 하소연을 하였다.

"글쎄, 얼마 전에 낯선 손님이 금덩어리를 맡기고 돈 삼천 냥을 꾸어 갔는데, 그만 그 금덩어리를 잃어버렸지 뭐요. 이제 금덩어리 임자가 찾아와서 금덩어리를 내놓으라고 하면, 내 재산을 몽땅 주어도 모자랄 터이니, 무슨 수로 그걸 물어준단 말이오?"

발 없는 말이 천 리를 간다고, 이 말이 그 장사꾼의 귀에도 들어갔다. 며칠 안되어 그는 돈 삼천 냥에 이자까지 붙여 가지고 나타나 말했다.

"여기 꾸어 쓴 돈과 이자를 가지고 왔으니, 제 금덩어리를 돌려주시지요."

주인은 돈과 이자를 받고, 금덩어리를 돌려주었다. 뛰는 놈 위에 나는 놈 있다는 말은 이래서 생겼다 한다.

 멋지군요! 아들의 계략이 기발합니다.

 이 이야기 속에는 많은 추리들이 숨어 있단다. 각각 어떤 추리인지 판단해 보자. 먼저, 집주인은 어떻게 해서 사기꾼에게 돈을 꾸어 주었지? 그건 다음과 같은 추리를 했기 때문이야.

이 낯선 장사꾼이 담보로 내놓은 금덩어리는 족히 몇만 냥의 값어치가 있다.

금덩어리를 담보로 잡고 이 장사꾼에게 삼천 냥을 꾸어 주어도 좋다.

연역 추리입니다. 전제를 받아들이면, 결론도 받아들일 수밖에 없습니다.

잘했다. 다음으로 아들이 내놓은 계략은 다음과 같은 추리에 따른 것이었어.

금덩어리를 잃어버렸다는 소문을 내면, 장사꾼이 돈을 가지고 찾아올 것이다.

금덩어리를 잃어버렸다는 소문을 내도록 한다.

이것 역시 연역 추리입니다. 금덩어리가 분실되었다는 소문을 듣게 되면 장사꾼은 금덩어리가 가짜라는 사실도 발각되지 않을 뿐만 아니라 떼돈을 벌 수 있는 기회가 왔다고 생각할 것입니다. 그런 심리를 전제하면, 금덩어리를 잃어버렸다는 소문으로 장사꾼을 유인하는 책략은 효과적입니다.

제법이구나. 그런데 장사꾼은 어떻게 집주인이 금덩어리를 잃어버렸다는 판단을 하게 되었지? 다음과 같이 추리했기 때문이야.

돈을 빌려준 주인이 "글쎄, 얼마 전에 낯선 손님이 금덩어리를 맡기고 돈 삼천 냥을 꾸어 갔는데, 그만 그 금덩어리를 잃어버렸지 뭐요. 이제 금덩어리 임자가 찾아와서 금덩어리를 내놓으라고 하면, 내 재산을 몽땅 주어도 모자랄 터이니, 무슨 수로 그걸 물어 준단 말이오?"라고 하소연한다.

돈을 빌려 준 주인이 정말 금덩어리를 잃어버렸다.

이것도 연역 추리 아닌가요? 잘 모르겠어요.

잘 생각해 보렴.

가설 추리 같은데요?

왜?

특수 사실을 일반화한 것은 아니니까 귀납 추리는 아닙니다. 비유를 드는 것도 아니니까 유비 추리도 아닙니다. 그런데 앞에서 연역 추리는 두 번 나왔고, 남은 건…… 가설 추리밖에 없네요.

녀석, 대답 한 번 그럴듯하구나. 가설 추리라는 것은 맞아. 그런데 돈을 빌려 준 주인이 그런 하소연을 하고 다니는 건 금덩어리를 진짜로 잃어버렸기 때문이라는 가설로 설명하고 있기 때문에 가설 추리인 거야.

짧은 이야기 속에 추리가 참 많이도 들어 있네요.

하나 더 있지.

하나 더요? 이야기가 다 끝났는데요?

"뛰는 놈 위에 나는 놈 있다."는 말도 어떤 추리의 결론이야.

아! 알았습니다. 귀납 추리입니다. 장사꾼의 속임수를 멋지게 혼내 주는 특수 사례를 일반화한 것입니다.

맞았어. 이제 여러 가지 추리를 구분할 수 있겠지?

글쎄요.

아직도 까마득한 것 같아요.

그래? 그렇다면 좀 더 연습해 볼까?

논증 찾기

 이제부터는 내가 문제를 낼 테니, 너희가 알아맞혀 보아라. 자, 다음은 어떤 추리지?

> 집단의 구성원들은 자기가 맡은 임무와 책임, 그리고 역할을 훌륭하게 수행하는 데 전력을 다해야 한다. 어느 한 사람이라도 역할을 잘 못 하는 경우, 그것은 사회 전체에 매우 바람직하지 못한 중요한 결과를 초래할 수도 있는 것이다.(『중학교 사회 3』, 교육부, 1998, 20쪽)

'따라서'와 같은 표현이 없으니까 판단하기가 어렵네요.

'따라서', '그런고로', '왜냐하면', '그 이유는', '그 근거는'과 같은 표현은 주장들 속에 논증이 있다는 것을 나타내는 지표야. 그러나 문제는, 이러한 표현들이 드러나지 않은 논증이 더 많다는 데 있어.

그럼 어떻게 해야 하죠?

그럴 때는 주장들을 하나하나 읽어 가면서, 그 주장이 왜 참인지, 그리고 다른 주장과 어떤 관계를 맺고 있는지를 생각해 봐야 해. 주장들은 논증적 관계일 수도 있고, 비논증적 관계일 수도 있어. 예를 들어, "그는 돈 많은 아버지를 두었고, 미남이고, 머리가 비상하고, 게다가 성격도 좋다."는 주장과 "그는 여자들에게 인기가 많을 것이다."는 주장은 논증적 관계에 있어. 앞의 주장이 뒤의 주장을 뒷받침하는 것으로 볼 수 있기 때문이야. 반면에 "그는 복권을 샀다."와 "복권 1등에 당첨될 확률은 벼락 맞을 확률보다 낮다."는 비논증적 관계야. 어느 주장이 다른 주장을 뒷받침하는 관계에 있지 않기 때문이야.

이렇게 읽어 가면서, 핵심 주장이 무엇인지를 생각해 봐. 핵심 주장은 결론일 가능성이 높아. 그리고 핵심 주장을 뒷받침하는 주장들은 전제일 가능성이 높고. 대개의 경우 받아들일 수 있는 주장들은 전제일 가능성이 높고, 다른 주장보다 도전적이고 논쟁거리가 될 만한 주장이 핵심이면서 결론일 가능성이 많아.

그러나 모든 핵심 주장이 결론으로 나오는 건 아니니까 주의해야 해. 그리고 근거나 결론이 생략된 경우가 많으니까, 보완해서 생각할 수 있어야 해.

 와아! 글을 건성으로 읽어서는 안 되겠군요!

알았어요. 위 글은 두 주장으로 되어 있는데, 다음과 같이 첫 번째 주장이 핵심 주장, 즉 결론이고, 두 번째 주장이 전제로 된 논증입니다.

어느 한 사람이라도 역할을 잘 못 하는 경우, 그것은 사회 전체에 매우 바람직하지 못한 중요한 결과를 초래할 수도 있는 것이다.

집단의 구성원들은 자기가 맡은 임무와 책임, 그리고 역할을 훌륭하게 수행하는 데 전력을 다해야 한다.

잘 했다. 그런데 어떤 추리지?

연역 추리입니다. 전제를 가지고 결론이 옳다는 것을 증명하려고 하기 때문입니다.

맞았어. 그럼 다음 글도 분석해 보거라.

> 처음부터 글을 쓰지 않고 살 수 있다면 좋겠지만 꼭 써야 한다면 무조건 써라. 재미없고, 골치 아프고, 아무도 읽어 주지 않아도 써라. 전혀 희망이 보이지 않고, 남들한테는 다 온다는 그 '영감'이라는 것이 오지 않아도, 그래도 써라. 기분이 좋든 나쁘든, 책상에 가서 그 얼음같이 냉혹한 백지의 도전을 받아들여라.(J. B. 프리스틀리)

이 글의 핵심 주장은 "글을 꼭 써야 한다면 무조건 써라."는 것입니다. 그러나 이 주장을 뒷받침하는 주장은 없습니다. 다른 주장들은 왜 꼭 써야 하는지에 대해서는 말하지 않고, 단지 이 주장을 부연 설명하는 데 그치고 있습니다. 따라서 이 글은 논증을 포함하고 있지 않습니다.

그래. 그러나 한 가지 지적할 점은, 핵심 주장을 "글을 꼭 써야 한다면 무조건 써야 한다."로 고쳐 쓰는 것이 좋다는 거야. "⋯⋯해라."와 같은 문장은 명령문이야. 명령문은 참이나 거짓이 될 수 있는 주장은 아니지. 그런데 형식은 명령문으로 되어 있지만, 사실은 평서문인 경우도 있어. 이러한 명령문은 평서문으로 고쳐 써야 해.

조금씩 복잡해지는군요.

사실 같은 가설

다음 글이 논증을 포함하고 있는지 생각해 보아라.

> 조선 초기의 유학은 새 왕조의 개창을 둘러싸고 두 갈래의 흐름이 있었다. 하나는, 시장을 중시하면서 현실의 정치, 경제에 보다 관심을 가진 관학파 학풍이며, 다른 하나는 경학을 중시하여 유교의 기본적인 정치 철학의 추구에 주력했던 사학파 학풍이었다. 이 두 학파 간에는 실제로 학문의 경향과 현실 정치에 대응하는 방법에 있어서도 뚜렷한 차이가 있었다.(『고등학교 국사(상)』, 국사편찬위원회, 1997, 181쪽)

논증이 없습니다. 단순히 역사적 사실을 그리고 있는 글입니다.

바우가 이젠 제법이구나.

수제자는 다르지요!

하하하⋯⋯. 바우가 정말 내 수제자인지 확인하는 방법이 있지. 다음 글은 논증을 포함하고 있을까?

지구는 지금으로부터 약 46억 년 전 태양 주위의 미행성들이 서로 충돌·합체하여 탄생되었다. 탄생 직후의 지구는 뜨거운 용암으로 덮여 있었으나, 미행성들의 충돌이 잠잠해짐에 따라 냉각하여 지각이 형성되었다. 수증기가 이산화탄소로 이루어진 원시 대기에서 대량의 강우에 의해 바다가 형성되었으며, 대륙은 25억 년에서 10억 년 전에 이르러 작은 대륙들의 충돌·합체에 의하여 형성되었다. 이 무렵 지구 표면의 온도는 현재 온도와 유사했으며, 지구 환경도 안정기에 들어섰다.(최석진 외, 『고등학교 환경 과학』, 대한교과서, 1997, 4쪽)

이 글 역시 논증이 없습니다. 지구 탄생에 관한 역사적 사실을 그리고 있을 뿐입니다.

그럴까? 잘 생각해 봐라.

사실을 그리고 있는 게 분명하지 않습니까?

누가 사실을 그리고 있지?

그야…… 과학자들이죠.

그러니까 과학자들이 46억 년 전에 지구가 탄생하는 과정을 목격하고, 그 사실을 그렸다는 뜻이니?

그렇지는 않지요. 그때는 인간이 존재하지도 않았으니까요.

그럼 당시에는 존재하지도 않았던 과학자들이 어떻게 그 사실을 그렸다는 거지?

수제자 되기가 쉽지는 않군요.

위의 글은 지구 탄생에 관한 과학적 가설(이론)을 소개하고 있는 거야. 물론 가설이긴 해도 '정설'로 인정된 가설이기 때문에, 교과서에는 마치 사실처럼 기술되고 있을 뿐이야. 위의 글처럼 사실을 기술하고 있는 것 같지만 본질은 가설에 불과한 것들도 있다는 점을 잊지 말고, 정확하게 가려 낼 줄 알아야 해.

이미 정설로 인정된 가설이라면, 굳이 사실과 구별할 필요가 있을까요?

적어도 두 가지 이유에서 그럴 필요가 있어. 첫째, 우리가 정설로 인정되는 가설을 지식으로 받아들인다 해도, 그것은 어디까지나 가설로서 받아들여야 해. 아무리 정설로 인정된 가설일지라도, 언젠가 수정되거나 폐기될 수 있거든. 둘째, 사실과 가설은 평가 방법이 달라. 사실은 문자 그대로 사실 여부를 밝히는 과정을 밟으면 되지만, 가설은 대부분 사실 여부를 밝힐 수 없거든.

이젠 교과서를 읽을 때도 조심해야겠습니다. 국사 교과서는 빼고요.

엄밀히 말하면, 국사 교과서에 실린 진술들도 사실은 대부분이 가설이

라고 보면 돼. 현대사가 아닌 바에야 역사의 현장을 목격한 사람이 오늘날까지 살아서 증언하는 것이 아니잖아. 사료(史料)라든가 역사적 유물을 놓고 "아마 이랬을 것이다."라고 추정해서 기록하는 경우가 많은데, 이 추정은 물론 특수 사실에 관한 가설 추리거든. 국사 교과서에 실린 글이 무조건 역사적 사실을 말하고 있다고 단정하는 것도 잘못일 수 있어.

그렇게 얘기하면 가설이 아닌 게 없지 않을까요?

그런 견해도 있지. 특히 미국의 철학자 콰인 같은 사람은 그렇게 생각하지.

진도를 나가지요.

어찌 이방이 사또를 치리오

그럼 다음 이야기 속에 나오는 논증들을 모두 찾아보아라.

> 전라도 어느 고을의 사또가 내리는 형벌이 얼마나 혹독했던지, 아랫사람들의 고초가 이만저만이 아니었다. 하루는 참다 못한 관속(관아에 딸린 사람들)들이 모여 머리를 맞대고 의논하였다.
>
> "이대로 가다간 우리도 맞아죽고 말 테니, 그럴 바엔 차라리 사또를 쫓아 내는 게 어떻겠소?"
>
> "우리가 무슨 힘이 있어 사또를 쫓아 냅니까?"
>
> "걱정 말고 이렇게 이렇게만 합시다."
>
> 이튿날 아침 사또가 일을 마치고 혼자 책을 보고 있는데, 이방이 불문곡직하고 사또의 뺨을 후려갈겼다.

가만 있을 사또가 아니었다. 노기가 충천한 사또는 책상을 박차고 나오면서 이방을 잡아들이라고 호통을 쳤다. 그러나 짜고 하는 일이라 관속들은 서로 얼굴만 바라보면서,

"어찌 이방이 사또를 칠 수 있을까?"

하고 아무도 사또의 말을 들으려 하지 않았다. 오히려 사또의 아들에게 가서

"도련님! 사또께서 별안간 병환이 나신 모양입니다."

하고 아뢰었다.

다른 관원과 사또의 아들들이 급히 나와 보니, 과연 눈이 벌겋게 달아오른 사또가 이방이 뺨치던 얘기를 하면서 손으로 영창도 치고 발로 책상도 치는데, 그 말이 전후가 없고 온몸에 땀까지 줄줄 흐르고 있었다. 아들들은 정말 사또가 미친 것으로만 알고 의원을 부르고 야단법석을 떨었다.

"이놈, 내가 무슨 병이 있어 의원을 불러 왔느냐?"

하고 아들까지 발로 차므로 먼 속에 있는 감사(監司)가 소문을 듣고 마침내 사또를 파직시키고 말았다.

얼마 뒤 하는 수 없이 서울 본집으로 돌아가는데 감사가 만나 보고서,

"들으니 신환이 있다더니 지금은 좀 어떤고?"

하였다. 이 말에,

"사실은 병이 아니라……."

하고 흥분해서 말을 꺼내려 하니, 이에 감사가,

"그만두게! 또 그 증세가 나는 모양이로세."

하고 피해 버렸다.

수십 년이 지나도 생각할수록 그때 일이 원통해서 자녀들을 불러놓고는

"얘들아, 아무 해의 그 일을 너희는 지금도 참말이라고 믿느냐?"

하니 아들들이 울상을 하면서,

> "아버님! 병환이 오래도록 잠잠하시더니 또 증세가 보이니 이 일을 어떡하면
> 좋습니까?"
> 하고 어쩔 줄을 모른다.
> 결국, 그는 한평생 그 일에 대해서는 입도 뻥긋 못해 보고 죽었다 한다.

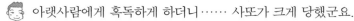 아랫사람에게 혹독하게 하더니…… 사또가 크게 당했군요.

그래. 그것도 논증 때문에 꼼짝 못 하고 당한 거지. 그럼 어떤 논증들
이 있는지 차례대로 말해 볼까?

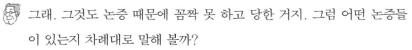 먼저 관속들을 선동하는 논증이 있는데, 다음과 같습니다.

사또의 형벌이 너무 혹독하여 이대로 가다간 우리도 맞아죽을 것이다.

어차피 맞아죽을 바에는 사또를 쫓아 낼 도리밖에 없다.

 그래. 무슨 추리이지?

연역 추리입니다.

맞았어. 그 다음은?

 아들들은 다음과 같이 추리합니다.

눈이 벌겋게 달아오른 사또가, 이방이 사또를 칠 수 없는데도 이방이 자신의 뺨을
쳤다고 하면서 손으로 영창도 치고 발로 책상도 치는데, 그 말이 전후가 없고 온
몸에 땀까지 흐른다.

사또(아버지)는 미쳤다.

무슨 추리지?

가설 추리입니다.

잘했다. 다음 추리는?

감사가 사또를 파직한 것은 다음과 같은 추리 때문입니다.

사또는 미쳤다.
_____
사또를 파직시켜야 한다.

무슨 추리지?

연역 추리입니다.

이제 제법들 하는구나. 다음 추리는?

더는 없는 것 같은데요?

더 있지. 이방이 사또의 뺨을 때리는 묘안은 어떻게 나온 거지?

아! 그렇군요. 그건 관속들이 다음과 같은 연역 추리를 한 것입니다.

사람들은 이방이 사또의 뺨을 때릴 수는 없다고 생각한다.

그래서 만일 사또가 이방이 자신의 뺨을 때렸다고 하면, 사람들은 사또가 미쳤다고 생각할 것이다.

만일 사람들이 사또가 미쳤다고 생각하면, 사또는 자리에서 쫓겨날 것이다.
_____
이방이 사또의 뺨을 때리도록 하면 된다.

훌륭하구나. 특히 숨은 전제를 보완하여 논증을 재구성하는 방법은 다음 수업에서 배울 예정인데, 배우기도 전에 그럴듯하게 재구성하였다.

소가 뒷걸음치다 개구리를 잡은 격이죠, 뭐.

논증을 재구성하는 건 그렇게 우연히 잘 할 수 있는 게 아냐. 내가 잘 가르쳐서 그런 게 아닐까?

아! 그런 가설도 있을 수 있겠네요.

그런데 바우야, 너 몇째니?

몇째냐고? 어라? 너 나한테 관심 있니?

그런 엉터리 가설이 어디 있어.

아냐, 그건 가설이 아니라 현상이야, 현상!

((생각거리))

★ 다음의 글들은 논증을 포함하고 있는가? 만일 논증을 포함하고 있다면, 전제와 결론을 가려 내고, 그 종류를 말해 보자.

9. 마술사의 모자에서 비둘기가 나왔다. 그것은 마술사가 "얏!" 하고 소리쳤기 때문이다.

10. 안과 병원을 찾는 환자들이 늘고 있다. 공기 오염이 심해지고 있음이 분명하다.

11. 우리 어머니는, 그야말로 세상에서 둘도 없이 곱게 생긴 우리 어머니는, 금년 나이 스물네 살인데 과부랍니다. 과부가 무엇인지 나는 잘 몰라도, 하여튼 동리 사람들이 나더러 '과부의 딸'이라고들 부르니까, 우리 어머니가 과

부인 줄을 알지요. 남들은 다 아버지가 있는데, 나만은 아버지가 없지요. 아버지가 없다고 아마 '과부 딸'이라나 봐요.(주요섭,「사랑 손님과 어머니」에서)

12. '한치못' 이야기가 있다. 농사를 짓기 위해 큰 저수지를 만들어야 하는데, 너무나 큰 일이라 마을 사람들이 엄두를 못 내고 있었다. 그때, 어떤 사람이 못을 파야 할 자리에 막대기를 꽂아 두고, 그곳을 지날 때마다 한 치씩만 땅을 파고 가자고 하였다. 사람들은 모두들 '그렇게 쉬운 일이라면……' 하고 지나갈 때마다 한 치씩 땅을 팠다. 세월이 흘러 몇 년이 지난 뒤, 그곳에는 큰 저수지가 만들어졌다. 마을 사람들이 한 치씩 파서 생겼다고 하여 사람들은 그 저수지를 '한치못'이라고 불렀다. 그 일이 있고 난 뒤부터, 마을 사람들은 아무리 큰 일이라도 조금씩 힘을 합치면 쉽게 이룰 수 있다는 것을 깨닫게 되었다.(『국어 6-1』, 9쪽)

13. 스스로 반성하는 사람은 닥치는 일마다 모두 약이 되지만, 남을 원망하는 사람은 생각하는 것마다 스스로를 해치는 창칼이 된다. 하나는 모든 선의 길을 열고 또 하나는 모든 악의 근원을 이루는 것으로 이 두 가지의 차이는 하늘과 땅 사이처럼 멀다.(홍자성,『채근담』에서)

14. 자비라는 것은 강제될 성질의 것이 아니다. 하늘에서 내리는 단비가 대지를 촉촉히 적셔 주는 것과 같은 것이다. 자비에는 이중의 축복이 있다. 즉 자비를 베푸는 자를 축복하기도 하며, 또 자비를 받는 자를 축복하기도 하는 것이다. 이것이야말로 가장 위대한 것 중에서도 가장 위대한 미덕이다. 왕좌에 있는 군주에게는 왕관보다도 더 소중한 것이다.(세익스피어,『베니스의 상인』에서)

15. 몇 년 전 미국의 캘리포니아주에서 희대의 엽기적 살인 사건이 연속적으로 발생하였고 마침내 살인범은 검거되었다. 그 살인범이 미국의 청소년과 가정을 위한 라디오 방송 프로그램의 책임자인 답슨 목사를 간절히 만나기를 원하였다. 그 살인범이 답슨 목사에게 청원한 것은 세상에 있는 음란물을 없애서 자기와 같은 범죄자가 다시 생기지 않도록 해 달라는 것이었다. 그 살인범 자신이 다섯 살경에 음란물을 보았는데 그 이후 음란물에서 본 장면이 자신의 머리를 사로잡아 다른 생각을 하기 어려웠고 늘 음란한 생각 속에서 살다가 자신은 엽기적 살인마가 되었다는 것이었다. 성인들의 경우 아무렇지도 않게 볼 수 있는 〈플레이보이〉 같은 잡지나 〈펜트하우스〉 같은 것이 어린아이들에게는 커다란 충격이 될 수 있다.(박성수, 「표현의 자유와 청소년 유해 창작물의 통제」, 〈철학과 현실〉, 1997년 여름, 225~226쪽)

16. 그러나 아아, 우리들이 미칠 듯이 간청해도 신은 비도 햇빛도 우리에게 내려 주시지 않는다네. 나는 그것을 느낀다네. 생각하면 할수록 마음이 괴로워지는 그 시절, 어째서 그 시절은 그다지도 성스러웠던가! 그것은 내가 참을성을 가지고 성령을 기다리고 신이 내게 베풀어 주시는 기쁨을 마음속으로 감사하면서 받아들였기 때문이네.(괴테, 『젊은 베르테르의 슬픔』에서)

17. 원자 구조는 육안으로뿐만 아니라 어떤 현대의 최첨단 장비로도 관찰할 수 없다. 그런데 닐스 보어는 원자 구조에 관한 이론으로 1922년 노벨상을 받았다. 그는 천체의 운행에서 힌트를 얻어 원자의 구조를 생각해 내었던 것이다.

18. 우리는 흔히 직접적인 당장의 쓸모만 전제하여 열매나 나무둥치는 찬양하

면서도 낙엽이 되고 마는 나뭇잎은 하찮게 여겨 왔다. 그러나 해마다 나무 둥치와 열매를 키워주는 노력은 나뭇잎도 담당하지 않는가. 사람이라 해서 무엇이 다른가. 우리는 흔히 몇 안 되는 역사적 위인만을 찬양한다. 물론 남다른 역량으로 자기 시대, 자기 사회를 이끌며 공헌해 온 이들임에는 틀림없다. 그러나 시대와 사회의 발전이 오로지 그들만의 노력으로 가능했던가? 진실로 우리가 기억하고 찬양해야 할 대상은 무명의 다수와 그들의 헌신이어야 할 것이다.(유안진, 「지도자의 선택 기준」에서)

19. 늙은 사자가 한 마리 있었다. 도저히 사냥을 할 수 없게 되자 꾀를 부려 동굴 속으로 들어갔다. 그러고는 병이 든 시늉을 하며 끙끙 앓는 소리를 내었다. 사자의 위엄에 눌려 지내던 다른 동물들이 사자를 구경하러 오면 잡아먹으려는 속셈이었다.

많은 동물이 호기심에 이끌려 동굴 속으로 들어갔다가 잡아먹히고 말았다.

어느 날, 여우 한 마리가 사자가 앓는 소리를 듣고 찾아왔다. 여우는 동굴 주위를 살펴보고 나서 들어가지는 않고 밖에서 물었다.

"사자님, 병환은 어떠신가요?"

사자가 말했다.

"여우야, 병문안을 왔으면 안으로 들어오지 않고 왜 밖에서 묻느냐?"

그러자 여우는 깔깔거리며 대답했다.

"하하하, 사자님도. 제가 보니까 동굴 속으로 들어간 동물들의 발자국은 많은데 밖으로 나온 발자국은 하나도 없군요. 나도 들어갔다간 나오지 못할 게 아니에요?"(『이솝 우화』에서)

★ 다음 각 논증의 결론을 지적하고, 논증이 연역적으로 타당한지 판단해 보자.

20. 약간의 근심, 고통, 고난은 항시 누구에게나 필요한 법이다. 바닥에 짐을 싣지 않은 배는 안전하지 못하며 곧장 갈 수 없으리라. (쇼펜하우어)

21. 신화는 그 시대 사람들의 관심을 반영하는 것이기 때문에 역사적인 의미가 있다. (『고등학교 국사(상)』, 교육부, 1997, 28쪽)

22. 독일 바이마르 헌법은 최초의 현대적 복지 국가 헌법이라 일컬어진다. 그러나 이러한 민주적 헌정 제도 아래에서도 히틀러는 정권을 장악하고 헌법을 유명무실하게 만들었다. 이는, 아무리 훌륭한 민주 정치 제도를 갖추고 있다 할지라도, 제도를 실제로 운영하는 정치 지도자의 헌정 수호 의지와 성숙된 민주 시민 의식을 지닌 국민들의 적극적인 참여 없이는 민주주의를 실현할 수 없다는 것을 잘 보여 주는 것이다. (『고등학교 정치』, 교육부, 1997, 51~52쪽)

23. 맑고 깨끗하여 부정(不淨)이 없는 자연을 닮으려는 심성이야말로 한국인들의 순수한 기질이라 하겠다. 그래서 정자는 당연히 산 좋고 물 좋은 경관을 배경으로 한다. (박언곤, 「한국의 정자」, 『중학교 국어 2-2』, 교육부, 1998, 218~219쪽)

24. 고려의 유명한 장상 최영은 어릴 때부터 그의 아버지로부터 항상 "금화 보기를 돌과 같이 하라."는 가르침을 받았다. 그의 아버지는 몇천 글보다 궁핍의 터득처럼 좋은 가르침이 없다는 신조로 최영을 가르쳤다. 결국, 재물은 기피해야 하는 악의 본질일 수밖에 없다. (이규태, 「재물 기피의 3요소」에서)

★ 다음 각 물음에 대답해 보자.

25. 다음의 글에서 밑줄 친 정수동의 말이 함의하는 것은?

하루는 정수동이 술집에 가서 술을 먹는데 술맛이 몹시 시었던 모양이다. 그때는 지금과는 달리 술맛이 시더라도 시다는 말을 못 하였다. 그래서 짓궂은 사람이면 술을 마시면서 코를 드르렁드르렁 고는 시늉을 하였다.

수동이 한 잔 쭉 들이키니, 어지간히 시다. 그러니 한 잔 더 먹을 생각도 안 나고 해서 셈을 치르고 나오는데, 술집 주인이 불렀다.

"여보시오, 선달님, 셈이 잘못 됐습니다."

"뭐가 잘못 됐나?"

"한 잔을 잡수셨는데 두 잔 값을 내셨습니다."

"아닐세, 틀리지 않네, 받아 두게."

"아니올시다. 한 잔 드리고 두 잔 값을 받을 수는 없습니다."

"허, 이 사람. <u>한 잔 값은 술값이고, 또 한 잔 값은 초값일세.</u> 여러 소리 말고 받아 두게."

26. 다음 글에서 필자가 하고 싶은 말의 핵심은 무엇인가? 또 그 이유는?

투명한 유리에 금이나 은을 칠하면 거울이 된다. 유리를 통해서는 바깥세상도 보이고 다른 사람들도 보인다. 내가 웃고 손을 내밀면 상대방도 웃고 손을 내밀어 준다. 거울에는 자기만 보인다. 금은으로 사방에 벽을 쌓고 살아가는 사람들은 마치 거울 속 사람들처럼, 자기만 바라보고 자기만 돌보며 감옥인 줄도 모르는 채 감옥 속에서 살아간다.(장영희)

★ 다음 각 이야기 속의 추리를 모두 찾아 그 종류를 말해 보자.

27. "대감님, 지금 이 팔이 누구 팔입니까?"

"그야 네 팔이지, 누구 팔이야?"

"어째서 그렇습니까? 지금 이 팔은 방안에 들어가 있지 않습니까?"

"아무리 방안에 들어와 있다 해도, 그건 너의 몸에 붙었으니까 너의 팔이지."

권 판서는 어처구니가 없었지만, 오성의 당돌한 질문에 호기심을 느꼈다.

"그렇다면 한 말씀 여쭙겠습니다. 저 담 너머에서 뻗어 나온 감나무 가지는 누구네 것입니까?"

(……)

"음, 그야 너의 것이지."

"가지가 이 댁에 넘어왔는데도요?"

"그렇다 해도 뿌리가 너의 집에 있지 않느냐?"

"그렇다면 왜 대감 댁 하인들이 저희 하인들에게 감을 못 따게 합니까?"

오성은 정중하게 항의하였다. 이미 오성이 따지는 이유를 알아챈 권 판서는 웃음이 나왔으나 짐짓 내색하지 않고 대답하였다.

"그런 일이 있었더냐? 하인들의 일이라 나는 잘 몰랐구나."

그러나 이번에는, 옆에 섰던 한음이 나서며 또 여쭈었다.

"저는 항복의 친구 덕형이옵니다. 저도 한 말씀 여쭙겠습니다. 대감님의 손이 무엇을 잘못했으면, 그것은 손이 한 일이지 대감님이 한 일이 아니라고 하시겠습니까?"(『초등학교 국어 읽기 4-1』, 1998, 25쪽)

28. 나는 사냥에서 돌아오는 길에 뜰에 줄지어 서 있는 나무 사이를 거닐고 있었다. 개가 내 앞을 달려가고 있었다.

이때 갑자기 개가 발을 멈추고, 마치 눈앞에 무슨 짐승이라도 발견한 듯 조심스럽게 살금살금 걷기 시작했다.

나는 나무들이 있는 곳으로 눈을 돌렸다. 주둥이가 노랗고 머리에 솜털이 난 한 마리의 어린 참새를 보았다. 이 참새는 둥지에서 떨어져(바람이 자작나무들을 세차게 흔들었던 것이다.) 겨우 생긴 듯 만 듯한 작은 날개를 힘없이 벌리고 가만히 있었다.

나의 개는 작은 참새 쪽으로 천천히 다가가고 있었다. 이때 별안간 가슴팍이 검은 참새 한 마리가 가까운 나무에서 뛰어내리듯 날아와서, 개의 코밑바로 옆에 돌덩이처럼 쓰러지듯 넘어졌다. 이 참새는 온몸의 털을 곤두세우고, 몸을 바싹 당기어 절망적이고 가련하게 삐이삐이 소리를 지르며 이를 드러내고, 크게 벌린 개의 주둥이를 향해서 두 번씩이나 뛰어올랐다.

어미참새가 새끼를 구하려고 제 몸을 내던져서 새끼의 몸을 감싼 것이다.
(……) 그러나 참새의 작은 몸은 쉴새없이 무서움에 떨었고, 울음소리는 야성을 띠었으나 이내 목청이 잠기고 말았다. 참새는 정신을 잃었다. 자기 몸을 희생한 것이다. 참새에게는 개가 엄청나게 큰 괴물처럼 생각되었을게 분명하다! 아, 있을 수 없는 일이 벌어진 것이다. (……) 즉 의지보다도 강한 힘이 참새의 몸을 나뭇가지에서 던지게 한 것이다.

나의 트레졸은 발을 멈추고 뒷걸음질쳤다. 필경, 그도 그 힘을 알아챈 것이 틀림없다.

나는 어리둥절해하는 개를 급히 불러, 경건한 마음으로 그 자리를 떠났다.

그렇다고 웃지는 말기 바란다. 나는 그처럼 작고 영웅적인 새를 보며, 그 새의 열정에 넘치는 사랑에 경건한 마음을 갖게 되었다.

사랑은 죽음과 공포보다도 굳세며, 사랑만이 생활을 지탱하며 생활을 향상시키는 것이라고 나는 생각하였다.(이반 투르게네프,「참새」에서)

● 넷째 마당

재구성하여 평가해 보자구요

이제 논증을 평가하는 방법을 연구해 보자. 논증을 평가하기 위해서는 먼저 논증을 재구성할 줄 알아야 해.

논증을 재구성하다니요?

논증의 재구성

 논증을 재구성한다는 것은 거칠고 불완전한 일상 언어로 된 논증의 전제와 결론을 간단명료하고 일목요연하게 가려 내는 것을 말해.

논증을 평가할 때 가장 어려운 부분이 논증을 재구성하는 것인데, 먼저 수사적인 표현이나 잡다한 정보들에 현혹되지 않는 게 중요해. 그리고 글의 핵심을 정확하게 짚어 내고, 필요하다면 숨은 전제를 보완해서 가능한 한 논자의 입장을 잘 드러내는 방향으로 논증을 다듬어야 해.

이러한 재구성의 과정을 거치지 않고 논증을 체계적으로 평가하는 건

어려운 일이야. 재구성 과정을 거치지 않으면 대부분의 경우 글의 핵심은 놓친 채 여기저기 기웃거리다가 시간만 낭비할 거야.

 그럼 논증 재구성은 어떻게 하나요?

 다음과 같이 하면 돼.

(1) 결론(핵심)을 찾는다.

(2) 결론을 뒷받침하는 데 필요한 전제들을 찾는다. 논증을 위해 꼭 필요한 주장이나 표현이 아닐 경우 제외한다.

(3) 자비의 원칙을 적용해 본문에는 없지만 논자가 전제했다고 인정될 만한 숨은 전제를 보완해 준다(연역 추리의 경우, 가능하면 논증이 타당성을 갖도록 숨은 전제를 보완한다).

(4) 복잡하거나 두서 없는 표현은 논자의 뜻을 살리는 방향으로 간결하고 명료하게 바꾸어 서술한다.

자, 그럼 내가 방금 전에 설명한 방법에 따라 다음 이야기 속에서 논증을 찾아 재구성해 볼까?

고고학에 특히 관심이 많은 사장이 있었다. 그의 응접실에는 고고학과 관련한 여러 가지 수집품이 전시되어 있었다.

어느 날, 사장이 잠시 외출한 사이 사장의 친구가 방문을 했다. 여비서의 안내에 따라 응접실로 들어간 손님은, 응접실에 전시된 수집품을 둘러보다가 어느 한 작품을 가리키면서 물었다.

"이건 무슨 동물의 뼈지요?"

"네, 그건 공룡의 뼈예요."

"몇 년쯤 된 뼈입니까?"

비서는 잠시 무슨 생각인가를 하다가 자신 있게 대답했다.

"정확하게 8백만 3년 되었어요."

"아니, 어떻게 그렇게 정확하게 얘기할 수가 있소?"

"그거야 뭐, 제가 지금부터 꼭 3년 전에 사장님의 비서로 채용되었는데, 그때 사장님께서 이 공룡의 뼈는 8백만 년 전 것이라고 하셨거든요. 그러니까 3년을 더하면 8백만 3년 아니에요?"

 이야기 속에서 논증을 찾는 건 정말 어려워요.

 그야 그렇지. 이야기의 흐름에 관심을 빼앗기기도 하고, 논증이 '나는 논증이다.'라고 꼬리표를 붙이고 있지도 않으니까 말이다.

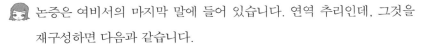 논증은 여비서의 마지막 말에 들어 있습니다. 연역 추리인데, 그것을 재구성하면 다음과 같습니다.

나는 꼭 3년 전에 사장님의 비서로 채용되었다.

그때 사장님께서 이 공룡의 뼈는 8백만 년 전 것이라고 하였다.

이 공룡의 뼈는 8백만 3년 전의 것이다.

잘 했어. 그러나 결론을 뒷받침하는 데 필요하지 않은 내용은 들어 있고, 보완해야 할 숨은 전제는 빠뜨렸구나.

불필요한 내용이 무엇이지요?

여비서가 비서로 채용되었다는 것은 결론을 위해 꼭 필요한 내용이 아닙니다.

맞았어. 그리고 숨은 전제는?

글쎄요.

선생님께서 시범을 보여 주세요.

그렇게 하지. 다음과 같이 재구성하면 돼.

꼭 3년 전에 사장이 "이 공룡의 뼈는 8백만 년 전 것이다."라고 하였다.

만일 꼭 3년 전에 사장이 "이 공룡의 뼈는 8백만 년 전 것이다."라고 했다면, 이 공룡의 뼈는 8백만 3년 전의 것이다.

이 공룡의 뼈는 8백만 3년 전의 것이다.

두 번째 전제가 숨은 전제로군요.

선생님이 재구성하신 논증을 보니까, 논증의 흐름이 한눈에 보여요.

이런 논증을 '전건 긍정법'이라고 하셨죠?

그래. 바우의 기억력이 좋구나. 그럼 건전성도 조사해 보아라.

건전성이요?

건전성

그래. 연역 추리를 평가한다는 것은 곧 건전성을 평가한다는 뜻이기도 하단다.

건전성을 어떻게 평가하죠?

먼저 논증이 타당한지를 조사해야 해. 그래서 논증이 부당하다면, 부당하다는 것을 지적하는 것으로 평가가 끝나지. 만일 논증이 타당하다면, 전제들이 모두 받아들일 수 있는지를 조사해야 해. 그래서 전제들이 모두 참일 경우 결론도 참이라는 판단을 내릴 수 있지. 이러한 논증을 '건전한 논증'이라고 해. 만일 전제들 중에서 단 한 가지라도 참이 아니라면 그 결론은 받아들일 수 없는 것으로 판단하는 거야.

타당성만 조사하면 되는 줄 알았는데…….

그렇지 않아. 타당한 논증은 전제들에서 결론을 이끌어 내는 것만을 보장해. 그러나 문제는 논증이 타당하다고 해서 전제들에서 반드시 참인 결론이 나오지는 않는다는 거야. 전제들에서 반드시 참인 결론이 나오기 위해서는 논증이 타당하고, 또 그 전제가 모두 참이어야만 한단다.

달래야, 네가 해설 좀 해야겠다.

바우는 밤에 일하고 낮에 잠자는 야행성인가?

그렇지 않습니다.

그럼 다음 논증이 타당한지 보렴.

모든 네티즌은 야행성이다.

바우는 네티즌이다.

———————————————

바우는 야행성이다.

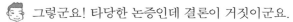 그렇군요! 타당한 논증인데 결론이 거짓이군요.

맞아. 타당한 연역 추리이긴 해도 첫째 전제가 거짓이기 때문에, 결론에서 참이 보장되지 않는 거야.

달래야, 이제 알았지?

그럼, 여비서의 논증이 건전한지를 평가해 보거라.

여비서의 논증은 건전하지 않습니다. 논증은 타당하지만, 둘째 전제가 거짓이기 때문입니다. 여비서는 사장의 말을 곧이곧대로 받아들였을 뿐입니다.

맞습니다. 따라서 이 논증의 결론은 거짓입니다.

논증이 건전하지 않다는 평가는 옳아. 그러나 이 논증의 결론이 거짓이라는 것은 어떻게 알지?

건전하지 않은 논증이니까요.

그렇지 않아. 논증이 건전하지 않을 경우 우리가 평가할 수 있는 것은 "결론을 받아들일 이유가 없다."나, "주어진 전제만으로는 결론을 받아들일 수 없다." 정도야. 이를 간단히 "결론을 받아들일 수 없다."라고 하지. 실제로 그 공룡의 뼈가 정확히 8백만 3년 전의 것일 수도 있잖아?

그렇군요!

그런데 선생님, 조금 전에 자비의 원칙에 따라 숨은 전제를 보완해야 한다고 말씀하셨는데, 자비의 원칙이란 게 뭔지 설명해 주세요.

자비의 원칙

중요한 원칙이니까 잘 알아 두도록 해라. 너희들 아랍 민족한테 영웅 대접을 받았던 아라비아의 로렌스를 알지? 그 사람이 12명의 아라비아인을 데리고 프랑스로 간 적이 있어.

> 12명의 아라비아인들은 생전 처음 외국 여행을 하게 되었다. 로렌스는 프랑스에서 열리는 큰 전시회를 보여 주려고 그들을 데리고 갔던 것이다. 그러나 로렌스는 몹시 당혹스러운 사태에 부딪쳤다. 아라비아인들이 목욕탕에 들어가기만 하면 잘 나오려고 하지 않았기 때문이다. 그들은 몇 시간 동안이고 욕조 안에 있으려고 했다. 로렌스는 한편으로 그들의 행동을 이해할 수 있었다.

"하긴 당연하기도 하지. 물이 귀한 사막의 나라에서 왔기 때문에 모두 목욕과 샤워를 좋아하는 거야."

그들에겐 목욕탕에서 어린아이들처럼 물장난도 치며 노느라 전시회는 관심 밖의 일인 듯했다.

그들은 호텔로 돌아올 때마다 — 그들은 매번 서둘러 호텔로 돌아왔다. — "빨리 위층으로 올라가자."고 말하곤 했다. 그리고 욕실로 뛰어들어가 목욕을 즐겼다.

마지막 날 짐을 모두 꾸려서 차에 싣고 공항으로 떠나려고 하는데 그 아라비아인들이 한 사람도 보이지 않았다. 로렌스는 비행기 시간이 촉박하여 초조한 마음으로 사람들에게 그들이 간 곳을 물었다. 그러다가 돌연 그들이 욕실에 있을지도 모른다는 생각이 들었다. 로렌스는 급히 위층으로 뛰어 올라갔다. 로렌스의 짐작대로 아라비아인들은 모두 욕실에 있었다. 그런데 놀랍게도 그들은 수도꼭지를 떼어 내리려고 안간힘을 쓰고 있었다.

로렌스는 어리둥절한 표정으로 물었다.

"아니, 도대체 무얼 하고 있는 거요?"

그러자 그들이 대답했다.

"우린 이 수도꼭지를 가지고 가겠어요. 그러면 아라비아에 가서도 실컷 목욕을 즐길 수 있잖아요."

 하하하! 수도꼭지가 요술을 부린다고 생각했군요!

 그래. 수도꼭지에서 물이 나오기까지 그 뒤에서 얼마나 많은 일들이 일어나야 하는지를 몰랐던 거야.

논증을 평가할 때도 이런 비슷한 일이 벌어질 수 있어. 제시된 논증은 수도꼭지와 같기 때문에 드러난 모습 그대로를 논증의 모든 것이라 생각하면 잘못이야. 경우에 따라서는 하고 싶은 말을 다 못 할 수도 있고, 표현을 잘 못할 수도 있고, 굳이 언급할 필요가 없다는 생각에서 말을 생략할 수도 있어. 그래서 논증을 평가할 때는 이러한 가능성을 인정하고 논증을 제시한 사람의 입장에서 논증을 이해하고 재구성해야 한다는 원칙이 있는데, 이것을 '자비의 원칙'이라고 해.

자비의 원칙은, 논자가 가장 설득력 있는 논증을 가장 경제적으로 제시하였다는 것을 가정하고, 그 논증의 실체를 밝히도록 해야 한다는 원칙이야. 이렇게 어떤 사람의 논증을 평가할 때는 자비의 원칙에 따라 논자의 입장에서 논증을 음미할 수 있어야 해.

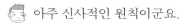 아주 신사적인 원칙이군요.

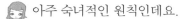 아주 숙녀적인 원칙인데요.

어떻든 이 원칙은 논증 평가가 단순히 겉으로 표현된 논증을 평가하는 데 그치지 않고, 논증을 제시한 사람의 세계관과 가치관을 평가하는 데까지 나아갈 수 있어야 한다는 것을 함의하고 있지.

엄마,
제시된 성적표는 수도꼭지와 같아요.
드러난 성적은 모든 것이 아니고,
그 뒤에는 어마어마한 사정이 있다는 걸
이해하셔야 한다는
'자비의 원칙'을 따르시죠

바우 너,
자비로
학교 다니고 싶어?!

비판적 사고는 무조건 말꼬리를 잡거나 헐뜯는 사고가 아니군요.

그런데 주의할 점이 있어. 이 원칙을 따르다 보면 평가자가 논증을 본래의 논증보다 더 강하게 재구성할 수 있는데, 그래서는 안 돼. 그러한 논증은 본래의 논증이 아니기 때문이야.

그러나 더욱 나쁜 것은 논증을 실제보다 약화시켜 평가하는 거야. 이 경우 '허수아비 공격의 오류'를 범하게 되지. 허수아비 공격의 오류란 상대의 주장을 손쉽게 격파할 수 있도록 가능하면 약하게 또는 문제가 있게 재구성하여 비판하는 오류를 말해. 그래서 자비의 원칙에 따라 논증을 재구성할 때는 논증의 원래 성격을 바꾸는 일이 없도록 주의해야 해. 잘못 하다간 전혀 새로운 논증이 되어 버리니까 말이야.

하지만 선생님, 어떻게 논증의 재구성이 적절하게 이루어졌는지 알 수 있죠? 무슨 방법이라도 있나요?

마음 읽기

달래가 어려운 질문을 했구나. 자비의 원칙에 따라 논증을 재구성하기 위해서는 논자의 마음을 읽을 줄 알아야 해. 그러나 타인의 마음을 정확하게 읽었는지 아닌지를 어떻게 알 수 있을까?

이 물음에 대한 답은 '알지 못한다'야. 우리는 누구도 타인의 마음속에 들어갈 수 없기 때문이지. 설사 타인이 자신의 속내를 드러내는 말을 한다 해도, 그 말 역시 겉으로 드러난 '수도꼭지'에 불과해.

그럼 자비의 원칙을 적용하고 싶어도 적용할 수 없잖아요?

그렇지는 않아. 누구나 타인의 마음을 자신의 마음처럼 알 수는 없지만, 가설 추리를 통해서 짐작해 볼 수는 있어. 즉 논증을 평가하는 사

람은 논자가 어떤 생각으로 그런 논증을 내놓았는지를 가설로 추리하여, 주어진 논증을 가장 잘 설명하는 해석을 내놓게 되는데, 이것이 바로 재구성된 논증인 거야.

논증을 재구성하는데도 가설 추리가 적용되는군요!

그럴 수밖에 없지.

그러니까 하나의 논증을 놓고도 재구성은 서로 다를 수 있겠군요?

광화문 네거리를 막고 물어 봐!

당연하지. 논증의 평가는 객관성을 목표로 하지만, 사실상 주관적으로 이루어져. 객관성을 목표로 하는 평가가 주관적으로 이루어진다? 역설적으로 들리지? 그러나 전혀 역설이 아니야.

논증의 평가는 주관적이야. 왜냐하면 논증은 언제나 특정한 개인이 평가하기 때문에 평가자의 교육 정도, 경험, 세계관, 가치관, 논증의 분석력 등 수없이 많은 변수가 도사리고 있어. 평가의 주체는 어디까지나 개인이기 때문에 논증 평가도 주관적으로 이루어질 수 밖에 없는 거지. 그렇지만 논증의 평가가 언제나 자의적으로 내려진다고 생각하는 것은 잘못이야. 공정한 평가자는 자신의 주관적 평가가 언제나 "광화문 네거리를 막고 누구에게나 물어 봐!"라고 말할 수 있을 정도로 떳떳한 것이 되도록 노력하기 때문이야. 그래서 비록 사람들이 모두 자신의 마음에 갇힌 삶을 살고 있지만, 주관적 평가 과정 속에서도 보편적 진리와 정의를 추구하는 정신이 자연스럽게 객관성을 증가시키는 방향으로 작용할 수 있는 거지.

따라서 우리는 자신의 생각이 잘못될 수 있다는 것을 인정하는 겸손한 자세를 가지면서도, 어떤 생각이라도 과감하게 펼칠 수 있어야 해. 실패를 두려워하는 사람은 역사의 발전에 기여할 수 없어. 역사는 시행 착오를 통해 발전해 왔거든.

과감하게 주관적 평가를 할 수 있어야 역사가 발전한다!? 선문답이 따로 없네요.

평가자는 창조자

그래. 그래서 평가는 단순히 중요한 것이 아니라 니체의 말처럼 창조적인 작업이야.

> 평가하는 것은 창조하는 것이다. 이 말을 들어라, 너희 창조자들이여! 평가하는 것이야말로, 평가된 모든 사물 중에서 가장 평가되어야 할 보물이다. 평가하는 행위를 통해서만이 모든 것에 가치가 부여된다. 평가할 수 없다면 존재하는 모든 것은 껍데기일 뿐이다. 이 말을 들어라, 너희 창조자들이여!(니체, 『차라투스트라는 이렇게 말했다』에서)

평가자가 곧 창조자라는 말인데, 무슨 말인지 얼른 이해되지 않는데요.

카잔차키스의 『희랍인 조르바』에서 조르바가 아주 재미 있는 말을 하고 있지.

> "생각이 모든 걸 결정합니다." 하고 그는 말했다. "믿음이 있으십니까? 있다면 헌 문짝에서 떼낸 나무쪽도 성스러운 기념품이 됩니다. 믿음이 없다고요? 그럼 성스러운 십자가 전부를 주어도 당신에게 그것은 낡은 문기둥밖에는 안 될 거요."

헌 문짝에서 떼낸 나무쪽을 성스러운 십자가로 만들기도 하고, 성스러운 십자가를 의미 없는 나무쪽으로 만드는 것은 무엇일까? 그건 바로 신에 대한 믿음이 있느냐 없느냐에 달려 있다는 견해야. 니체의 말대로, 평가를 통해 비로소 어떤 것이 의미를 갖는다는 말이지.

니체에 의하면 평가 행위는 참과 거짓, 옳음과 그름, 선과 악, 존귀와 비천, 그리고 옥석을 가리는 데 그치지 않고 새로운 세계를 창조하는 일이 되는 것이지.

아직도 어렵습니다.

세상이 어떤 방향으로 변해 갈지를 생각해 보렴. 세상은 인간이 좋게 평가하는 것들이 실현되는 방향으로 변해 갈까, 아니면 인간이 나쁘게 평가하는 것들이 실현되는 방향으로 변해 갈까?

그야 인간이 좋게 평가하는 것들이 실현되는 방향으로 변해 가겠죠.

왜 그렇지?

인간은 자기가 좋게 평가하는 것들은 실현하려고 노력할 것이기 때문입니다.

 바로 그거야. 그래서 평가는 창조적 행위가 되는 거야.

 어? ……그렇군요!

가설 평가

 너희들 김동인의 「배따라기」를 읽어 봤겠지?

그러나 그가 그의 집 안방에 들어설 때에는 뜻도 안 하였던 광경이 그의 눈앞에 벌어져 있었다.

방 가운데에는 떡상이 있고, 그의 아우는 수건이 벗어져서 목뒤로 늘어지고, 저고리 고름이 모두 풀어져 가지고 한편 모퉁이에 서 있고, 아내도 머리채가 모두 뒤로 늘어지고 치마가 배꼽 아래 늘어지도록 되어 있으며, 그의 아내와 아우는 그를 보고 어찌할 줄을 모르는 듯이 움쩍도 안 하고 서 있었다.

세 사람은 한참 동안 어이없이 서 있었다. 그러나 좀 있다가 마침내 그의 아우가 겨우 말했다.

"그놈의 쥐 어디 갔나?"

"흥! 쥐? 훌륭한 쥐 잡댔다."

그는 말을 끝내지도 않고 짐을 벗어 버리고 뛰어가서 아우의 멱살을 그러쥐었다.

"형님. 정말 쥐가!"

"쥐? 이놈! 형수와 그런 쥐 잡는 놈 어디 있니?"

그는 아우의 따귀를 몇 번 때린 뒤에 등을 밀어서 문 밖에 집어던졌다. 그런 뒤에 이제 자기에게 이를 매를 생각하고 우들우들 떨면서 아랫목에 서 있는 아내에게 달려들었다.

"이년! 시아우와 그런 쥐 잡는 년이 어디 있어?"

그는 아내를 거꾸러뜨리고 함부로 내리찧었다.

"정말, 쥐가……, 아이 죽갔다!"

그의 팔다리는 함부로 아내의 몸 위로 오르내렸다.

(……)

"상년! 죽얼! 물에래두 빠데 죽얼……."

그는 실컷 때린 뒤에 아내도 아우도 같이 등을 밀어 내어 쫓았다. 그 뒤에 그의 등으로, "고기 배때기에 장사해라!"고 토하였다.

(……)

그는 불을 켜려고 바람벽에서 떠나 성냥을 찾으려고 돌아갔다. 성냥은 늘 있던 자리에 있지 않았다. 그래서 여기저기 뒤적이느라니까 어떤 낡은 옷뭉치를 들칠 때에 문득 쥐소리가 나면서 무엇이 후더덕 뛰어나온다. 그리하여 저편으로 기어서 도망한다.

"역시 쥐됐다!"

그는 조그만 소리로 부르짖었다. 그리고 그만 그 자리에 맥없이 털석 주저앉았다.

(……)

그리하여 낮쯤, 한 삼십 리 내려간 바닷가에서 겨우 아내를 찾기는 찾았지만, 그 아내는 이전과 같은 생기로 찬 산 아내가 아니요, 몸은 물에 불어서 곱이나 크게 되고, 이전에 늘 웃음을 흘리던 예쁜 입에는 거품을 잔뜩 물은 죽은 아내였다.

(……)

장사를 지낸 이튿날부터 아우는 그 조그만 마을에서 없어졌다.

아내가 죽고 아우가 마을을 떠나는 비극이 왜 일어났지?

형이 오해를 했기 때문입니다.

그 오해의 내용을 말해 보렴?

형이 외출해서 돌아와 보니, 방 가운데에는 떡상이 있고, 아우는 수건이 벗어져서 목뒤로 늘어지고 저고리 고름이 모두 풀어져 가지고 한편 모퉁이에 서 있고, 아내도 머리채가 모두 뒤로 늘어지고 치마가 배꼽 아래 늘어지도록 되어 있으며, 그의 아내와 아우는 그를 보고 어찌할 줄을 모르는 듯이 꼼짝도 않고 서 있다가, 아우가 쥐를 잡는다고 변명하였기 때문에, 형이 화가 나서 아내를 두들겨 패면서 나가 죽으라고 하고…….

이야기를 처음부터 끝까지 다 할 셈이니?

그렇게 되는 것 같습니다.(머리를 긁적인다.)

논증을 찾아내어 재구성하면 되잖아.

막막해요. 너무 길어서 어떻게 해야 할지 모르겠습니다.

어떻게 하는지 선생님이 한 번 보여 주세요.

그럴까? 앞의 이야기는 다음과 같이 재구성되는 형의 논증 때문에 빚어진 비극이야.

아우는 수건이 벗어져서 목뒤로 늘어지고 저고리 고름이 모두 풀어진 채 한편 모퉁이에 서 있다.

아내는 머리채가 뒤로 늘어지고 치마가 배꼽 아래 늘어져 있다.

아내와 아우는 그를 보고 어찌할 줄을 모르는 듯이 꼼짝도 하지 않고 서 있다.
_____

아우와 아내가 정을 통하였다.

간단하군요!

기다란 이야기가 이렇게 간단하게 정리되다니, 신기해요.

그렇지? 사실 책 한 권의 내용이 한 쪽도 안 되는 논증으로 재구성되는 일이 흔하단다. 좋은 책일수록 그렇지.

선생님, 저는 논증 재구성의 대가가 될 것입니다.

그렇게 되길 바란다. 자, 논증을 재구성했으니, 이제 평가를 해보자. 형의 논증은 어떤 추리로 이루어졌지?

가설 추리입니다. 어수선한 방안의 모습을 "아우와 아내가 정을 통하였다."는 가설로 설명하고 있습니다.

맞았어. 그럼 이 가설 추리를 받아들일 수 있는지 생각해 보아라.

가설 추리는 어떻게 평가하지요?

가설 추리는 다음과 같은 점들을 고려하여 평가한단다.

(1) 가설의 설명력을 조사한다. 설명력이 강할수록 좋은 가설이다. 설명력이 없는 가설은 가설로서의 자격을 상실한다.

(2) 만일 가설이 설명력이 있으면 정합성(整合性), 즉 인간의 지식 체계와 잘 어울리고, 나아가 지식 체계를 강화하는지 조사한다. 정합성이 높을수록 좋은 가설이다. 특히 기존의 지식 체계와 모순을 일으킴으로써 기존의 지식 체계에 변화를 주어 정합성을 높일 경우 좋은 가설로 인정된다(이 경우 기존의 지식 체계 일부가 폐기 또는 수정되는 방식으로 모순되는 문제가 해결된다).

(3) 가설이 정합성이 있으면, 동일한 현상을 설명하는 다른 경쟁 가설이 있는지 생각해 본다. 만일 경쟁 가설이 없으면, 그 가설은 문제의 현상에 대한 유일하고 최선인 설명이다. 만일 경쟁 가설이 있으면, 다음 단계로 넘어간다.

(4) 경쟁 가설들 중에서 증거력, 단순성, 유용성(실용성) 등이 월등하게 높은 가

설을 문제의 현상에 대한 최선의 설명, 즉 '정설'로 인정한다. 만일 정설로 인정될 만큼 문제의 현상을 가장 잘 설명하는 가설이 없다면 선정을 유보한다. 이 경우 다른 가설들보다 상대적으로 좋은 가설이더라도 높은 개연성 이상의 자격을 부여받지 못한다. 해당 분야의 전문가들 사이에 해소될 수 없는 이견이 있는 가설은 '정설'로 인정하지 않는다.

 와아! 가설을 평가하는 것도 쉬운 일이 아니네요.

 달래야, 거저 먹을 생각은 꿈도 꾸지 말아야겠다.

 그럼, 위의 가설 추리를 평가해 보아라.

 실제로 그런 상황에서라면, 결론으로 받아들일 수 있지 않을까요?

 형의 가설이 설명력이 있기 때문에 그렇게 생각될 뿐이야. 다시 말해서, 형의 가설을 참이라고 가정할 경우 문제의 현상이 왜 일어났는지 설명되기 때문에 가설이 그럴듯하게 보였던 거지.

그러나 설명력이 있다고 해서 가설을 그대로 받아들여서는 안 돼. 동일한 현상을 설명하는 다른 가설이 얼마든지 있을 수 있거든. 예컨대

아내와 아우는 쥐를 잡고 있었다고 말했어. 형은 자기의 가설을 너무 확신하고 있었기 때문에 이 말을 믿지 못했지. 그러나 가설로서 고려는 했어야 했어. "아내와 아우는 쥐를 잡고 있었다."고 해도 방안의 풍경이 설명되거든.

나아가 형은 적어도 두 개의 경쟁 가설 중에 어느 것이 옳은가를 알아내기 위한 검증 절차를 밟아야 했어. 그랬다면 방안에 쥐가 있다는 것이 밝혀졌을 거고, 이 경우 비극은 일어나지 않았을 거야.

그런데 형은 자신의 가설을 여러 가설 가운데 하나로 여기지 않고 사실로 믿어 버렸어. 이러한 판단을 '가설과 사실을 혼동하는 오류'라고 해. 이 오류 때문에 형은 격분하여 폭력을 휘둘렀고, 결과적으로 아내가 바다에 몸을 던지고 아우가 마을을 떠나는 비극을 불러온 거야.

 가설은 가설일 뿐 사실과 혼동해선 안되겠군요. 가설과 사실을 혼동하는 오류! 달래야, 잊지 말아라.

일관성의 원칙

 이솝 우화에 이런 이야기가 있어.

> 배가 몹시 고픈 늑대가 먹을 것을 찾아 여기저기를 헤매고 다녔다.
>
> 마침 어떤 집 창문 밖을 지나가는데 아이의 울음소리가 들렸다. 그리고 할머니가 아이를 달래는 소리도 들렸다.
>
> "아가야, 울지 마라. 뚝 그치지 않으면 늑대 밥으로 줘 버리겠다."
>
> 할머니의 말을 곧이들은 늑대는 창문 밑에 앉아서 할머니가 아이를 던져 주기만 기다렸다. 하지만 밤이 깊도록 할머니는 아이를 던져 주지 않았다. 늑대는 배

도 고프고 답답하기도 해서 소리를 내어 울어 보았다.

그 소리를 듣고 아이가 또 울기 시작했다.

"할머니, 무서워. 정말 늑대가 왔나 봐. 날 잡아먹으면 어떡해?"

그러자 할머니가 말했다.

"걱정 마라. 늑대가 오면 저 도끼로 때려죽일 테니까."

늑대는 다른 곳으로 가며 힘없이 중얼거렸다.

"저 할머니는 이렇게도 말했다가 저렇게도 말했다가 하는구먼."

 자, 늑대의 논증을 재구성해서 평가해 볼까?

 늑대가 말하고 싶은 것은 "저 할머니는 이렇게도 말했다가 저렇게도 말했다가 한다."는 것인데, 다음과 같이 재구성되는 논증의 결론입니다.

아가야, 울지 마라. 뚝 그치지 않으면 늑대 밥으로 줘 버리겠다.

늑대가 오면 저 도끼로 때려죽이겠다.

────────────────────────────

저 할머니는 이렇게도 말했다가 저렇게도 말했다가 한다.

 늑대의 말이 결론인데, 전제들이 누구의 말인지 나타나 있지 않구나. 그리고 구어체(口語體)를 문어체(文語體)로 바꾸고 표현도 더 다듬어야 겠구나.

 구어체를 문어체로 바꾸다니요?

 예컨대 "늑대가 오면 저 도끼로 때려죽이겠다."는 말은 구어체니까, 논증을 재구성할 때는 "만일 늑대가 오면, 저 도끼로 때려죽일 것이다."라는 문어체로 바꾸어야 한단다.

제가 해 보겠습니다.

할머니는 "만일 네가 울음을 그치지 않으면, 늑대의 밥으로 줄 것이다."라고 말하였다.

할머니는 "만일 늑대가 오면 저 도끼로 때려죽일 것이다."라고 말한다.

할머니는 이렇게도 말했다가 저렇게도 말했다가 한다.

잘했다. 그럼 평가를 해 보자. 어떤 추리지?

연역 추리입니다.

그럼 이 논증을 받아들일 수 있을까?

받아들일 수 있습니다. 실제로 할머니의 말이 이랬다저랬다했기 때문입니다.

그렇지만 좀 이상한데요? 할머니가 진짜 늑대한테 아이를 주겠다고 한 말은 아니잖아요?

그렇지. 하지만 늑대는 할머니가 일관성의 원칙을 지키지 않았다고 지적하고 있어. 인간은 누구나 일관되게 말하고 행동해야 해. 또 그렇게 노력하지. 언행이 일관되지 않으면 지적으로 모자라거나 도덕적으로 문제가 있는 사람으로 의심을 받기 때문이야. 그리고 자비의 원칙에 따라 논증을 재구성할 때도, 우리는 논자가 일관된 생각을 했을 것이라고 믿고 숨은 전제를 찾게 되지.

늑대는 할머니가 한 말을 듣고 일관성이 없다고 판단했어. 이건 할머니가 지적으로나 도덕적으로 문제가 있다는 의미야. 그런데 여기서 문제되는 것은 늑대가 할머니의 말을 문자 그대로 받아들였다는 거야. 다시 말해 자비의 원칙을 적용해 할머니가 하고자 하는 말의 참뜻을 읽어 낼 줄 몰랐던 거지.

자, 늑대는 할머니의 말에서 어떤 숨은 전제를 찾아서 보완해야 했을까?

"첫째 전제에서 할머니가 한 말은, 아이에게 겁을 주어 울음을 그치도록 할 생각에서 한 말이었다."라는 숨은 전제를 보완하면 됩니다.

좋아. 그렇다면 이 숨은 전제는 어떻게 정당화되지?

"할머니는 아이를 위험에 빠뜨리는 일을 결코 하지 않을 것이다."라는 숨은 전제 때문입니다.

잘 했다. 늑대가 이러한 숨은 전제들을 생각했다면, 할머니의 말이 일관되지 않는다는 결론은 내리지 않았을 거야.

선결 문제 요구의 오류

 그럼 다음 이야기를 읽고 연구해 보자.

> 두 젊은이가 푸주에서 고기를 샀다. 그런데 그 중 한 젊은이가 푸주 주인이 한 눈을 파는 사이 앞에 있던 고깃덩어리를 훔쳐 뒤에 있는 젊은이의 호주머니 속에 숨겼다. 고기가 없어진 것을 알고 주인이 젊은이들에게 고기를 내놓으라고 하였다. 그러자 고기를 훔친 젊은이가 주머니를 털어 보이며 "나는 갖지 않았다."고 잡아떼었다. 그리고 주머니에 고깃덩어리가 들어 있는 젊은이는 "나는 절대 훔친 일이 없다."고 우겼다.
>
> 주인이 말했다.
>
> "누가 훔치고 누가 가졌는지는 알 수 없지만, 내가 말할 수 있는 건 당신들 때문에 고기가 없어졌다는 사실이오."

자, 이 문제를 어떻게 풀 수 있을까?

푸주 주인의 말처럼 젊은이들 때문에 고기가 없어진 건 사실입니다. 따라서 이 사실에 의해 고기를 훔친 건 젊은이들이라는 게 증명되었습니다.

선생님, 뭔가 석연치 않아요. 바우가 말한 '사실'이 무엇인지를 밝혀야 겠어요. "젊은이들 때문에 고기가 없어졌다."는 것인데……

분명히 푸주 주인은 그렇게 말했지. 하지만 논증을 평가할 때는 무엇보다 먼저 그 말이 무슨 뜻인지를 생각해 봐야 돼. 말을 문자 그대로 받아들이지 말고 전후 맥락을 살펴서 재해석할 필요가 있다고 했지? 그렇지 않으면 말의 참뜻을 놓치게 되거든. 자, 젊은이들 때문에 고기가 없어졌다는 것은 무슨 뜻일까? '때문에'라는 말을 잘 생각해 봐.

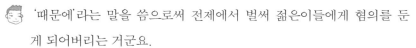 '때문에'라는 말을 씀으로써 전제에서 벌써 젊은이들에게 혐의를 둔 게 되어버리는 거군요.

그래. 이런 경우 푸주 주인은 '선결 문제 요구의 오류'를 범했다고 하지. '순환 논증'이라고도 하고. 곧 결론에서 주장하고자 하는 것을 전제에서 주장함으로써 오류를 범한 거야. 푸주 주인의 논증이 오류라면 젊은이들이 고기를 훔쳤다는 것은 증명될 수 없는 거고. 따라서 우리는 푸주 주인의 말을 문자 그대로 받아들이지 말고, 그가 하고자 하는 말의 참뜻을 살리는 방향으로 논증을 재구성해야 돼.

사실만을 말하자면 "젊은이들이 푸주에서 고기를 사는 동안 고기가 없어졌다."는 것 아닌가요?

맞았어. '때문에'라는 말을 빼고 그렇게 이해하는 것이 옳아. 그럼 이제 푸주 주인의 논증을 바우가 다시 한 번 말해 볼까?

"두 젊은이가 푸주에서 고기를 사는 동안 고기가 없어졌다. 따라서 이 젊은이들이 고기를 훔쳤다." 이렇게 됩니다.

좋아. 그럼 이 추리는 어떤 종류인가?

연역 추리입니다.

그럴까?

아니, 가설 추리입니다. 푸주 주인은 "두 젊은이가 푸주에서 고기를 사는 동안 고기가 없어졌다."는 사실을 설명하기 위해서 "이 젊은이들이 고기를 훔쳤다."는 가설을 제시한 것입니다.

그리고 이 가설은 설명력이 있습니다. 이 가설을 참이라 가정할 때 고기가 없어질 것은 당연하기 때문입니다.

잘 했어. 이제 정리해 보자. 푸주 주인은 이렇게 가설 추리를 한 거야.

두 젊은이가 푸주에서 고기를 사는 동안 고기가 없어졌다.
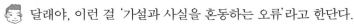

이 젊은이들이 고기를 훔쳤다.

푸주 주인은 이렇게 가설 추리를 하고 젊은이들에게 혐의를 두었어. 그러고는 이 가설을 사실로 여기고 고기를 내놓으라고 한 거야.

달래야, 이런 걸 '가설과 사실을 혼동하는 오류'라고 한단다.

그런데 젊은이들은 푸주 주인이 이러한 오류에 빠질 것을 미리 짐작하고 더욱 교묘한 주장으로 주인을 혼란에 빠뜨리려고 했지. 한 젊은이는 "나는 고기를 가지고 있지 않다."고 했고, 다른 젊은이는 "나는 고기를 훔치지 않았다."고 말한 거야. 이 젊은이들의 말이 참이라고 할 경우, 고기를 훔친 건 그들이 아니라는 결론을 내릴 수 있을까?

그런 결론은 나오지 않습니다. 그들이 말하고자 하는 것은 "자기들 중 누구도 고기를 훔치거나 가지고 있지 않다."는 것으로서 다음과 같은 연역 추리입니다.

청년 1은 고기를 가지고 있지 않다.
청년 2는 고기를 훔치지 않았다.

청년들 중 누구도 고기를 훔치거나 가지고 있지 않다.

그런데 이 연역 추리는 부당합니다. 전제들을 받아들이더라도 결론은 받아들일 필요가 없기 때문입니다. 청년 1이 고기를 가지고 있지 않아도 고기를 훔친 사람일 수 있으며, 청년 2가 고기를 훔치지 않았다 해도 고기를 가지고 있는 사람일 수 있기 때문입니다.

결국 그들은 푸주 주인의 가설이 거짓이라는 것을 증명하지는 못했습니다. 그렇다고 해서 젊은이들이 고기를 훔쳤다는 것이 증명된 것도 아닙니다. 젊은이들이 고기를 훔쳤다는 것은 어디까지나 가설이기 때문입니다.

가설 추리만으로는 젊은이들이 고기를 훔친 걸 증명해 낼 수 없어. 그렇다고 해서 가설 추리로 생각해 낸 것이 모두 쓸모 없다고 생각하는 것은 잘못이야. 가설 평가에도 여러 기준이 있지만 그 중에 '유일한 가설은 최선의 가설'이라는 기준이 있지?

푸주 주인이 젊은이들을 범인으로 지목할 수 있었던 것도 이 기준을 적용했기 때문이지. 고기가 없어진 사실을 설명할 수 있는 다른 가설이 없거든.

젊은이들이 도둑이라는 것을 증명할 길은 없나요?

연역 추리로는 증명할 길이 없어.

달래야, 뭘 그리 고민하니? 젊은이들의 호주머니를 뒤져 보면 되잖아!

그래. 그런 방법으로 푸주 주인은 자신의 가설을 검증할 수 있었을 거야.

인신 공격

그럼 다음 글에 담긴 논증도 평가해 보자.

> 신분이 높은 학자가 길을 가고 있었다. 마침 큰 비가 와서 물이 붙어 강을 건너지 못하고 서 있는데, 어떤 사나이가 와서 무등 태워 저쪽 강기슭까지 건네 주었다.
>
> 가난한 학자가 그의 친절에 보답할 길이 없어 고민하고 있는데, 그 사나이는 또다른 사람을 건네주는 게 아닌가. 그것을 본 학자는 그 사나이에게 가까이 가서 말하였다.
>
> "여보시오, 이제 나는 아까 일로 당신에게 감사하다고 생각지 않게 되었소. 왜냐하면 당신이 나한테 한 것은 나의 신분을 알아서 한 일이 아니고, 그저 아무에게나 하는 버릇이라는 걸 알았기 때문이오."

학자의 논증은 마지막 부분에 있는 것으로서 다음과 같습니다.
"여보시오, 이제 나는 아까 일로 당신에게 감사하다고 생각지 않게 되었소. 왜냐하면 당신이 나한테 한 것은 나의 신분을 알아서 한 일이 아니고, 그저 아무에게나 하는 버릇이라는 걸 알았기 때문이오."

이 말에서 전제와 결론을 발견하는 것은 어렵지 않습니다. '왜냐하면' 이라는 말이 들어 있기 때문입니다. 그래서 학자의 논증을 다음과 같이 누구나 쉽게 재구성할 수 있을 것입니다.

당신이 나를 무동 태워 강을 건네준 것은 나의 신분 때문이 아니고 그저 아무에게나 하는 버릇이다.

당신이 나를 무동 태워 강을 건네준 것에 대해 당신에게 감사하다고 생각지 않아도 된다.

 어떤 추리지?

 연역 추리입니다. 전제를 가지고 결론을 증명하려고 하기 때문입니다.

 재구성이 덜 된 것 같습니다. 숨은 전제가 보완되어야 합니다.

 어떤 숨은 전제이지?

 "아무에게나 하는 버릇으로 베푸는 친절에 대해서는 감사할 필요가 없다."입니다.

 바우야, 고마워.

 뭘 그런 걸 가지고.

 숨은 전제를 보완하여 학자의 논증을 재구성하면 다음과 같습니다.

당신이 나를 무동 태워 강을 건네준 것은 내 신분 때문이 아니고 그저 아무에게나 하는 버릇이다.
아무에게나 하는 버릇으로 베푸는 친절에 대해서는 감사할 필요가 없다.

당신이 나를 무동 태워 강을 건네준 것에 대하여 나는 당신에게 감사하다고 생각 지 않아도 된다.

이 논증은 타당합니다. 전제를 받아들이면, 결론도 받아들일 수밖에 없습니다.

그럼 학자의 논증이 건전한지 평가해 보아라.

학자의 논증은 타당하지만, 두 번째 전제가 거짓입니다. 학자는 사나이가 자기의 신분 때문에 강을 건네준 것이 아니라 아무한테나 하는 버릇이기 때문에 감사해할 필요가 없다고 했지만, 저는 그 생각에 반대합니다. 사나이가, 학자처럼 신분이 높은 사람은 강을 건네주고 신분이 낮은 사람은 강을 건네주지 않는다면, 그는 사람을 차별하는 나쁜 사람이 될 것입니다. 따라서 학자의 논증은 건전하지 않습니다.

잘 했다. 그리고 한 가지 덧붙이자면, 학자의 생각에 오류가 있다는 거야.

오류라니요? 뭐가…….

강을 건네준 일에 감사해하지 않는 이유를 사나이의 버릇에서 찾은 건 '인신 공격의 오류'야.

인신 공격의 오류요?

반격의 묘

그래. 사람의 됨됨이를 트집잡아 어떤 주장의 잘잘못을 정당화시키려는 오류지. 다음 이야기를 보자.

19세기 말엽 영국의 정가에서 거물 정치가로 알려진 글래드스턴은, 같은 의원 출신이면서 정치적 경쟁 상대이기도 했던 소설가 디즈레일리에게 듣기에도 민망한 말을 내뱉고 말았다.

"디즈레일리 씨, 그렇게 말하는 당신의 행동은 대체 그게 뭐요? 믿을 만한 소식통에 의하면, 당신은 못된 성병에 걸렸다는데 그게 사실이오?"

그의 말에 국회 의사당 안은 찬물을 끼얹은 듯 조용해졌다.

그런 끔찍한 모욕을 당한 상대방 의원이 어떻게 나올 것인가에 대해, 모두들 손에 땀을 쥐고 기다리고 있었다. 그러나 정작 디즈레일리는 싱글벙글 웃다가 미안한 표정을 지으며 말하였다.

"당신이 그걸 어떻게 알았소? 당신의 정부(情婦)와 함께 자고 난 탓에 그런 건데, 아무래도 당신 정부가 일러바친 모양이구려."

다음 순간 의사당 안은 폭소가 일어나 온통 웃음판이 되었다.

 디즈레일리가 통쾌하게 반격했군요!

 그래. 그런데 그 반격이 어떤 구조를 가지고 있기에 그렇게 통쾌한지 연구해 보자. 글래드스턴의 논증은 어떻게 재구성되지?

 논증이 있나요?

 당연히 있지. 오류는 논증에서 나오는 법이거든.

 잘 모르겠습니다.

 글래드스턴이 하고 싶은 말의 핵심은 무엇이지?

 디즈레일리가 성병에 걸렸다는 것입니다.

 그럴까?

 그렇지 않습니다. 국회 의사당은 상대 의원의 사생활을 폭로하는 자리가 아니기 때문입니다.

그 말도 일리가 있네. 그럼 무슨 말을 하고 싶었지?

글래드스턴은 다음과 같이 말했지?

> "그렇게 말하는 당신의 행동은 대체 그게 뭐요? 믿을 만한 소식통에 의하면,
> 당신은 못된 성병에 걸렸다는데 그게 사실이오?"

그렇군요!

이 말을 요약해서 말해 봐.

"그렇게 말하는 당신은, 믿을 만한 소식통에 의하면, 성병에 걸렸다."
는 것입니다.

그래. 그럼 글래드스턴은 이 말을 왜 했을까?

잠깐! 알겠습니다. '그렇게 말하는 당신……'이라는 표현은 '당신은
그렇게 말했다.'와 같은 내용입니다. 즉 디즈레일리가 무슨 말을 했는
데, 글래드스턴은 그 말이 잘못되었다고 비난하고 있습니다.

잘 했다. 그럼 그의 논증을 재구성해 보아라.

글래드스턴의 논증은 다음과 같이 재구성됩니다.

믿을 만한 소식통에 의하면, 당신은 성병에 걸렸다.
_____

당신이 한 말은 잘못되었다.

맞았어. 그럼 달래가 평가해 볼까?

이 논증은 부당한 연역 추리입니다. 전제가 참이라고 하더라도 결론을
받아들일 필요가 없습니다. 성병에 걸린 사람이라도 바른 말을 할 수

있습니다.

그래. 글래드스턴은 디즈레일리의 사람됨을 공격함으로써 그의 말이 잘못되었다는 것을 호소하고 있어. 이런 것을 가리켜 인신 공격의 오류를 범했다고 하는거야.

인신 공격의 오류는 비판적 사고를 모르는 사람들에게는 위력을 발휘하지. 어떤 사람이 성병에 걸렸다고 하면, 그가 무슨 말을 하든 성병에 걸린 것과 연관시켜 생각하게 되거든.

그러나 디즈레일리는 침착했어. 그는 애써 글래드스턴의 논증이 부당하다는 것을 지적하지 않았거든. 만일 그가 "당신의 논증은 이러저러해서 부당하다."고 했다면, 의사당은 더 썰렁해지고, 의원들은 정말 그가 성병에 걸렸을지도 모른다는 의심을 품게 되었을 거야.

그는 변명하거나 부인하지 않고, 오히려 글래드스턴의 논증을 받아들였어. 대신 글래드스턴이 어떻게 자신의 성병 소식을 듣게 되었는지에 초점을 맞추지.

> "당신이 그걸 어떻게 알았소? 당신의 정부와 함께 자고 난 탓에 그런 것인데,
> 아무래도 당신 정부가 일러바친 모양이구려."

자, 디즈레일리의 논증을 재구성해 볼까?

 디즈레일리도 논증으로 반격했나요?

 그렇고말고.

 그렇군요! 다음과 같은 논증입니다.

내가 성병에 걸린 건 당신의 정부와 잤기 때문이다.

당신은 내가 성병에 걸렸다는 소식을 들었다.
_____

당신의 정부가 당신에게 내가 성병에 걸렸다는 것을 일러바쳤다.

🧑 무슨 추리지?

😄 가설 추리입니다.

🧑 맞았어. 그럼 이 가설 추리로 디즈레일리가 하고 싶었던 말은 무엇이었을까?

👧 글래드스턴의 논증이 잘못되었다는 것입니다.

🧑 그래. 그걸 논증으로 재구성해 봐.

👧 디즐레일리의 논증은 다음과 같이 재구성됩니다.

내가 성병에 걸린 건 당신의 정부와 잤기 때문이다.

당신은 내가 성병에 걸렸다는 소식을 당신의 정부로부터 들었다.
_____

당신이 내 말을 비판한 논증은 잘못된 것이다.

😄 이 논증 역시 인신 공격의 오류로군요!

🧑 맞았어. 디즈레일리는, 글래드스턴의 인신 공격 논증을 더 심한 인신 공격 논증으로 반격한 거야. 그것도 글래드스턴을 웃음거리로 만들면서 말야.

😄 이에는 이, 오류에는 오류군요.

👧 인신 공격을 당한 순간에도 유머를 잃지 않고 반격하는군요. 그런 여유가 있다니 부러워요.

그런데 디즈레일리의 말을 듣고 왜 의원들이 폭소를 터뜨렸을까?

디즈레일리의 반격 속에 흐르는 논리를 알았기 때문이 아닐까요?

맞아. 일반적으로 논리를 모르면 유머도 쓸 줄 모르고 유머를 들어도 웃음이 나오지 않거든.

그럼 무조건 웃고 봐야겠군요(웃음).

탱자 민주주의

박정희 전 대통령은, 우리나라의 경제 발전에는 큰 공을 세웠지만 민주주의를 하지 않았다는 점에서 비난을 받고 있지. 다음과 같은 그의 말에서도 잘 나타나 있지만, 그는 우리 사회가 민주주의를 받아들일 만한 준비가 되지 않았다고 생각했어.

> 우리나라에 탱자라고 있지요? 어느 식물학자가 몇 년 전에 일본에서 밀감나무를 이식을 해다가 자기 집에다 심어 가지고 잘 가꾸어서 키워 놨는데 몇 년 지나

고 난 뒤에 열매가 열렸다 이겁니다. 노오란 게 열렸는데 따 보니까 이것은 밀감이 아니고 탱자가 열렸더라 이겁니다.

종자는 틀림없이 밀감나무였습니다. 그러나 이것을 우리나라에 갖다 심어 보니까 우리나라의 기후와 풍토가 다르고 토질이 다르고, 모든 환경 여건이 다르기 때문에 결국은 밀감이 안 열리고 탱자가 열렸다 이겁니다.

민주주의도 마찬가지입니다. 외국에선 그것이 아무리 좋은 민주주의라도, 서구 제국에선 가장 알맞는 그런 제도였을지 모르지만, 그것을 우리나라에 갖다가 완전히 밀감을 만들기 위해서는 그 동안 우리가 이 나무에 알맞는 실질적인 여건, 지질, 기타 여러 가지 여건을 잘 만들어 줘서 어느 시기에 가서 접목을 시켜서 이것이 완전히 우리나라에서 밀감이 될 수 있도록 이걸 해야 되는 것이지 그냥 갖다 여기다 꽂아 놓는 것은 민주주의가 되지 않고 탱자 민주주의가 된다 이겁니다.

'탱자 민주주의'라! 재미있는 표현인데요.

박정희 전 대통령은 무슨 말을 하고 싶었을까?

아직 민주주의를 도입해서는 안 된다는 것입니다.

이유는?

밀감나무를 예로 들었습니다. 일본에서는 잘 되는 밀감나무를 우리나라에 심었는데, 기후·풍토·토질 등 여러 가지 여건이 달라서 탱자가 열렸다는 예를 들었습니다.

맞았어. 어떤 추리지?

유비 추리입니다.

그럼 재구성해서 평가해 볼까?

받아들일 수 있지 않습니까? 그럴듯한데요.

성급하게 판단하지 말고, 재구성해서 평가해 보렴.

유비 추리를 재구성하고 평가하는 방법은 아직 배우지 못했는데요.

그렇구나. 유비 추리는 유사성에 착안한 추리로서, 기본적으로 다음과 같은 형식으로 되어 있지.

X와 Y는 다르지만 속성 p, q, r을 가진 점에서 유사하다.

X는 속성 s를 가지고 있다.

_____

Y도 속성 s를 가지고 있다.

그래서 이러한 형식의 유비 추리가 받아들일 만한지를 판단하기 위해

서는, 무엇보다 가정된 유사성을 받아들일 수 있는지부터 조사해 봐야 해.

 제가 '탱자 민주주의 논증'을 재구성해서 평가해 보겠습니다.

일본에서 잘 되는 밀감나무를 우리나라에 심었는데, 기후·풍토·토질 등 여러 가지 여건이 다르기 때문에 탱자가 열렸다.

서구 제국에서 잘 되는 민주주의를 우리나라에 도입한다 해도 민주주의가 열매 맺을 수 있는 여건이 갖춰지지 않았다.

민주주의를 도입한다 해도 탱자 민주주의가 될 것이다.

이 유비 추리는 받아들일 수 있습니다. 여건이 안 된 곳에 밀감나무를 심는 것과 여건이 안 된 곳에 민주주의를 도입하는 것의 유사성이 매우 높습니다.

 그래? 그런데 이 논증에서 핵심은 무엇이라고 했지?

 "아직 민주주의를 도입해서는 안 된다."는 것입니다.

 맞아. 그렇다면 바로 이 핵심이 논증의 결론으로 나와야 하지 않을까?

 그렇군요! 뭐가 잘못되었죠?

 제가 다시 재구성해 보겠습니다.

일본에서 잘 되는 밀감나무를 우리나라에 심었는데, 기후·풍토·토질 등 여러 가지 여건이 다르기 때문에 탱자가 열렸다.

이와 유사하게 서구 제국에서 잘 되는 민주주의를 우리나라에 도입한다 해도 민주주의가 열매 맺을 수 있는 여건이 갖춰지지 않았기 때문에 탱자 민주주의가 될 것이다.

기후·풍토·토질 등 여러 가지 여건이 갖춰지지 않은 상태에서 밀감나무를 심는 것은 어리석다.

민주주의가 꽃필 수 있는 여건이 갖춰지지 않은 상태에서 민주주의를 도입하는 것은 어리석다.

 잘 했다. 이제 이 유비 추리를 평가해 보자. 받아들일 수 있을까?

 받아들일 수 있을 것 같은데요.

 유사성이 높기 때문에 받아들일 수 있습니다.

 이 유비 추리는 몇 가지 문제점이 있어. 첫째, 밀감나무의 예가 적합한지 의심해 볼 수 있지. 그 예는 다음과 같은 가설 추리로 되어 있기 때문이야.

일본에서 잘 되는 밀감나무를 우리나라에 심었는데 탱자가 열렸다.

우리나라의 기후·풍토·토질 등 여러 가지 여건이 일본과 다르다.

이 가설 추리가 과연 받아들일 만한 것인지에 대해 깊이 생각해 봐야 할 거야. 묘목에 문제가 있었는지도 모르고, 재배 방법이 잘못된 건지도 모르지. 실제 제주도에서는 밀감나무 재배에 성공을 했잖아?

둘째, 이 가설 추리에 문제가 없다 하더라도, 당시의 우리나라가 전혀 민주주의를 할 수 없는 풍토였는가에 대해서 반대 의견을 가진 사람들도 많을 거야.

셋째, 이건 아주 치명적인 문제인데, 밀감나무의 예를 가지고 다음과 같은 유비 추리를 할 수 있었는데, 하지 않았다는 거야.

일본에서 잘 되는 밀감나무를 우리나라에 심었는데, 기후·풍토·토질 등 여러 가지 여건이 다르기 때문에 탱자가 열렸다.
이와 유사하게 서구 제국에서 잘 되는 민주주의를 우리나라에 도입한다 해도 민주주의가 열매 맺을 수 있는 여건이 갖춰지지 않았기 때문에 탱자 민주주의가 될 것이다.
밀감나무에서 탱자가 열리지 않게 하기 위해서는 기후·풍토·토질 등 여러 가지 여건을 갖추도록 해야 할 것이다.

민주주의가 탱자 민주주의가 되게 하지 않기 위해서는 민주주의가 꽃필 수 있는 여건을 갖추도록 해야 할 것이다.

 그렇군요!

이러한 유비 추리를 했더라면, 민주주의의 여건을 다지는 일들을 많이 했을 텐데…… 오히려 민주화 세력을 탄압했지요.

맞아. 그는 애초에 민주주의를 할 뜻이 없었던 거야. 만일 그에게 민주주의를 할 뜻이 있었다면, 민주주의를 할 수 있는 여건을 만들기 위해 노력을 했을 테지.

그런데 선생님, 왜 머리에서 열이 나죠?

어디 아프니?

그게 아니라, 바우는 생각을 너무 많이 하면 이런 증상이 생겨요. 용량이 달리거든요.

알았다. 좀 쉬어 가는 이야기를 해 달라, 이거지?

굳이 해주신다면야…….

귀납 추리의 평가

이런 이야기가 있지.

한 과학자가 벼룩의 특성을 살피기 위해 귀납적인 방법으로 벼룩을 관찰하고 있었다. 그는 벼룩의 다리 하나를 잘라 내며 "뛰어!" 하고 명령했다. 벼룩은 즉시 펄쩍 뛰었다.

다리 하나를 더 잘라 내며 다시 "뛰어!" 하고 명령했다. 벼룩은 또 뛰었다.

과학자는 이와 같은 명령을 계속했고, 이제는 마지막으로 여섯 번째 다리만 남았다. 이번에는 벼룩도 뛰는 게 좀 힘들어졌다. 하지만 뛰어 보려고 애를 쓴다.

과학자는 드디어 마지막 다리까지 자르고 난 뒤 또 뛰라고 명령했다. 그러나 벼룩은 아무런 반응이 없었다.

과학자는 목소리를 높이며 명령을 했다.

"뛰어!"

여전히 벼룩은 반응이 없었다.

세 번째로 과학자는 있는 힘을 다해 큰 소리로 명령을 내렸다.

"뛰어!"

그러나 불쌍한 벼룩은 꿈쩍도 하지 않았다.

과학자는 다음과 같이, 자신이 그 동안 연구해 온 벼룩의 특성에 대해 결론을 내렸다.

"다리를 모두 제거하면, 벼룩은 청각을 상실한다."

하하하…… 장래가 아주 촉망되는 과학자입니다.

과학자는 어떤 추리를 했지?

가설 추리입니다. 벼룩이 꿈쩍도 하지 않는 현상을 벼룩이 청각을 상실했다는 가설로 설명하고 있습니다.

아닙니다. 과학자는 귀납 추리를 했습니다. 벼룩의 다리를 모두 제거하는 것과 벼룩이 청각 능력을 잃어버린 것과의 관계를 일반화한 것입니다.

귀납 추리인가?

맞아, 귀납 추리야. 받아들일 수 있을까?

받아들일 수 있습니다. 아주 훌륭한 귀납 추리입니다. 히히…… (머리를 긁는다).

귀납 추리는 어떻게 평가하죠?

귀납 추리의 일반적 형식은 다음과 같아.

S_1은 P인 것으로 관찰되었다.

S_2는 P인 것으로 관찰되었다.

S_3는 P인 것으로 관찰되었다.

　⋮

S_n은 P로 관찰되었다.

P가 아닌 S는 관찰되지 않았다.

───────────────────

모든 S는 P이다.

이 형식이 보여 주는 것처럼 귀납 추리는, 일부의 S가 P라는 관찰을 전제로 하여, S 전체가 P라고 일반화하는 추리야. 따라서 P가 아닌 S가 단 하나라도 관찰되면 일반화는 성립되지 않지. "P가 아닌 S는 관찰되지 않았다."는 전제는 이러한 반증의 예가 없었다는 것을 말하지. 그래서 귀납 추리는 다음과 같은 점을 고려해서 평가한단다.

(1) 관찰 사례가 많을수록 일반화가 참일 가능성이 높아진다. 관찰 사례가 적은 일반화는 '성급한 일반화의 오류'일 가능성이 높다.
(2) 관찰을 통해 얻은 표본이 모집합 전체를 대표할 수 있어야 한다.
(3) 일반화되는 대상들(S)과 그 대상들의 속성(P)이 본질적이거나 인과적인 관계에 있을수록 좋다.
(4) 우리가 이미 알고 있는 사실들과의 정합성이 높은 일반화가 좋다. 또한 세계를 이해하거나 설명하는 데에 좀더 도움이 되는 일반화가 더 좋다.
(5) 일반화의 범위가 넓을수록 매력적이지만 개연성은 낮아지고, 일반화의 범위가 좁을수록 덜 매력적이지만 개연성은 높아진다.
(6) 결론의 강도가 높을수록 매력적이지만 개연성은 낮아지고, 결론의 강도가 낮을수록 덜 매력적이지만 개연성은 높아진다.
(7) 관찰 사례에 들어 있지 않은 속성을 일반화하거나, 관찰 사례에 들어 있는 속성을 무시해서는 안 된다.

성급한 일반화의 오류란 무엇이지요?

제한된 정의나 부적합한 증거들, 또는 대표성이 없는 표본을 근거로 일반적 주장을 하는 오류를 말한단다.

그럼, 과학자의 귀납 추리를 재구성해서 평가해 볼까?

엉터리 과학자의 귀납 추리를 재구성하면 다음과 같습니다.

벼룩의 다리 하나를 잘라 낸 뒤 "뛰어!" 하고 명령하자, 벼룩은 즉시 펄쩍 뛰었다. 두 번째 다리를 잘라 낸 뒤 다시 "뛰어!" 하고 명령하자, 벼룩은 또 뛰었다.

(……)

다섯 번째 다리를 잘라 낸 뒤 "뛰어!" 하고 명령을 하자, 벼룩은 뛰어 보려고 애를 썼다.

마지막 다리를 잘라 낸 뒤 "뛰어!" 하고 명령을 하자, 벼룩은 아무런 반응이 없었다. 다리가 모두 잘린 벼룩에게 "뛰어!" 하고 목소리를 높여 명령했지만, 벼룩은 반응이 없었다.

다리가 모두 잘린 벼룩에게 "뛰어!" 하고 있는 힘을 다해 소리를 지르며 명령했으나 벼룩은 반응이 없었다.

___

벼룩의 다리를 모두 제거하면, 벼룩은 청각을 상실한다.

재구성을 잘 했다. 그럼 이 귀납 추리를 받아들일 수 있을까?

엉망진창입니다.

그렇지? 물론 이 이야기는 웃자고 지어 낸 것이지만, 귀납 추리를 공부할 겸 진지하게 검토해 보아라.

무엇보다도 결론이 문제인데요, 관찰 사례에 들어 있는 속성을 일반화하지 않았습니다. 관찰 사례를 일반화하면 "벼룩은 다리가 하나씩 잘릴 때마다 뛰는 능력이 감소한다."라든가 "벼룩의 뛰는 능력은 다리에서 온다." 정도가 될 것입니다. 물론 이러한 일반화마저도 전혀 흥미가 없는 사실입니다. 즉 세계를 이해하거나 설명하는 데에 전혀 도움이 되지 않는 일반화입니다.

좋은 지적이야.

저는 조금 다르게 생각합니다. 결론을 뒷받침하는 관찰 사례가 셋이나 있지 않습니까? 다리를 모두 자르고 목소리를 높여 세 번이나 "뛰어!" 하고 명령했는데, 벼룩은 반응이 없었거든요.

그럼, 그 관찰 사례들을 일반화하면 결론이 나온다는 말이지?

그렇습니다.

그럴까?

어? 아니군요. 마지막 세 번의 관찰 사례를 일반화하면, "만일 벼룩의 다리를 모두 잘라 내면, 벼룩은 아무리 '뛰어!' 하고 명령해도 움직이지 않는다."가 됩니다.

맞았어. 그런데 과학자는 이 결론을 말하지 않고, 다음과 같이 바로 이 결론을 설명하는 가설 추리로 넘어간 거야.

만일 벼룩의 다리를 모두 잘라 내면, 벼룩은 아무리 "뛰어!" 하고 명령해도 움직이지 않는다.

만일 벼룩의 다리를 모두 잘라 내면, 벼룩은 청각을 상실한다.

 귀납 추리를 하려다 가설 추리를 해 버렸군요.

한 발 앞서 가는 과학자입니다. (웃음)

((생각거리))

★ 다음의 각 논증을 재구성하여 평가해 보자.

29. 새로운 땅을 만들어 낼 수 없듯이, 새로운 물도 만들어 낼 수 없다. 따라서
지금 우리가 쓰는 물을 더럽게 되면, 우리는 물론, 우리의 후손들까지도
더러워진 물을 쓸 수밖에 없다.(『중학교 환경』, 교육부, 1996, 85쪽)

30. 가정을 하나의 '배'에 비유한다면, 가정의 구성원인 우리들은 배에 타고 있
는 '선원'이라고 할 수 있다. 우리 모두는 배를 타고 인생의 바다를 항해하
고 있다. 이 배가 난파당하지도 않고, 풍랑에 표류하지도 않으면서 항해를
계속할 수 있으려면, 무엇보다도 같은 배에 타고 있는 선원들이 각자 맡은
바 임무를 제대로 수행해 내야만 한다. 마찬가지로, 우리의 가정이 저마다
화목하고 행복해지기 위해서는 가족 구성원 모두의 역할이 서로 조화를 이
루면서 수행되어야 한다.(『중학교 도덕 3』, 교육부, 1998, 74쪽)

31. 가을이 되자 사방에서 귀뚜라미 소리가 아름답게 들려왔다.

마구간에 있는 당나귀에게도 귀뚜라미 소리가 들렸다.

"아! 얼마나 아름답고 듣기 좋은 소리인가!"

당나귀는 귀뚜라미 소리가 너무도 아름다워 잠을 자는 것까지 잊을 정도였다. 당나귀는 귀뚜라미 소리를 들을 때마다 아름다운 귀뚜라미 소리를 닮는 것이 소원이었다.

"나도 귀뚜라미처럼 아름다운 목소리를 가지게 된다면 얼마나 좋을까?"

참다 못한 당나귀는 어느 날 귀뚜라미를 찾아갔다.

"귀뚜라미야. 난 네 목소리가 이 세상에서 제일 좋단다. 넌 도대체 무엇을 먹길래 그렇게 아름다운 목소리를 낼 수 있니? 제발 내게도 좀 가르쳐 주렴."

귀뚜라미가 말했다.

"당나귀님, 우리는 다른 것은 아무것도 먹지 않고 풀잎에 맺혀 있는 이슬만 먹는답니다."

"오, 그래? 고맙구나. 귀뚜라미야."

다음 날부터 당나귀는 다른 것은 먹지 않고 오직 풀잎의 이슬만 먹었다. 그리고 자기도 하루 빨리 귀뚜라미처럼 아름다운 목소리를 갖게 되기를 바랬다.

그러나 며칠이 지나도 귀뚜라미의 소리는 나오지 않고 몸만 자꾸 약해져 갔다.

그래도 당나귀는 배고픔을 참고 풀잎의 이슬만 먹었다. 그러다가 마침내 굶어 죽고 말았다.

32. 그러면 사람은 왜 여러 사람과 더불어 살면서 남에게 손해를 끼치고 고통을 가하는가? 그것은 말할 것도 없이 인간의 이기심(利己心) 때문이다. 사람들은 모두 각자의 능력을 최대한으로 계발하여 풍요롭고 행복하게 살아

가려고 한다. 그렇게 살아가기 위하여 필요한 재산, 권력, 지위, 기회 등은 충분히 주어져 있지 않다. 그래서 모든 사회에서 이런 재화는 항상 부족할 수밖에 없으며, 개인들 간에 경쟁은 불가피해진다.

힘이나 기회를 가진 사람은 그런 것을 못 가진 사람에게 손해를 끼치고 고통을 주면서까지 자기의 욕심을 채우려고 한다. 모든 인간은 이러한 이기적 심성을 가지고 있으며, 그대로 이를 방치하게 되면 약육강식(弱肉强食)의 무질서로 인하여 사회 전체가 마비되고 만다. 따라서, 약자는 항상 강자에 의하여 희생이 되고, 강자는 그보다 더 강한 자에 의하여 손해를 보게 되므로, 공동 생활뿐만 아니라 종족의 생존까지도 불가능해진다.(『고등학교 윤리』, 교육부, 15~16쪽)

33. 아무것도 안 하는 것보다는 차라리 악을 행하는 것이 낫다. 그것은 적어도 살아 있다는 증거이니까.(T. S. 엘리엇)

34. 고려 초기의 광종은 사치를 즐기고 귀화한 한인(漢人)들을 후대하는 등의 행위로 백성의 불만을 샀지만 이를 간(諫)하는 사람이 없었다. 그런데 어느 날 왕의 말이 죽었다. 왕은 말을 담당한 관리를 죽이려 하였다.

그러자 서필(徐弼)이라는 신하가 왕에게 간했다. "공자가 밖에 나갔다 집에 돌아오자 하인이 마구간에 불이 났다고 아뢴 일이 있습니다. 공자는 이때 말에 대해서는 한 마디도 묻지 않고 다친 사람이 없느냐고 물었다 합니다. 어찌 사람보다 말이 중하겠습니까?"이 말을 들은 왕은 말을 담당한 관리를 용서하였다.

35. 어릴 때 곧게 자란 나무는 커서도 곧은 나무가 되지만, 어릴 때부터 휘어진

나무는 커서도 구부러진 나무가 된다. 곧게 자란 나무는 집을 지을 때 꼭 필요한 재목으로 쓰이지만, 구부러지고 멋대로 휘어진 나무는 땔감으로 사라져 버린다. 우리가 곧게 자란 나무처럼 되기 위해서는, 중학교 시절에 자신의 생각과 행동을 바로잡는 것이 무엇보다 중요하다.(『중학교 도덕 1』, 교육부, 1998, 54~55쪽)

36. 불사의 선약을 초왕에게 바친 사람이 있었다. 안내인이 이것을 받아들고 안으로 들어가자 시종이 물었다.

"그건 먹어도 되는 것인가?"

안내인이 대답했다.

"먹을 수 있습니다."

그러자 시종은 그 자리에서 약을 빼앗아 먹어 버렸다.

왕은 크게 노하여, 형리를 시켜 그 시종을 사형에 처하려고 하였다.

그러자 시종은 이렇게 변명하였다.

"저는 안내자에게 먹어도 되느냐고 물었습니다. 그런데 그가 먹을 수 있다고 말했기 때문에 당장에 먹어치웠습니다. 그러므로 저에게는 죄가 없고 안내자에게 죄가 있는 것입니다. 그뿐 아니라 손님이 불사의 선약을 바쳤는데, 이것을 먹은 저에게 왕께서 죽음을 주시게 되면 그것은 불사약이 아니라 사약이 되는 것입니다. 그렇게 되면 손님은 왕을 기만한 셈입니다. 생각건대 죄가 없는 저를 죽이시고 폐하께서 속았다는 말이 천하에 퍼져 창피를 당하시는 것보다는 차라리 저를 용서하시는 것이 나을 줄로 아룁니다."

왕은 그를 죽이지 않았다.(『한비자(韓非子)』에서)

37. 마르크스가 「공산당 선언」을 발표한 것은 1848년이었습니다. 그 이후 150년 동안 공산주의 내지 사회주의와 자본주의가 대결을 했습니다. 그런데 자본주의 중에서도 민주주의를 허용하지 않은 히틀러의 독점 자본주의와 일본의 군국주의적 독점 자본주의는 모두 패배했습니다. 그리고 사회주의 중에도 민주주의를 허용한 스칸디나비아 사회주의라든가, 영국 노동당, 불란서의 사회당, 독일의 사회민주당, 심지어 오스트레일리아와 뉴질랜드의 사회당 등은 다 성공했습니다. 따라서 우리가 알 수 있는 것은, 민주주의를 받아들인 자본주의와 사회주의는 성공했고, 민주주의를 받아들이지 않은 자본주의와 사회주의는 실패했다는 것입니다. 단순히 사회주의가 자본주의에게 진 것이 아닙니다. 사회 구성원 하나하나의 자아와 자율을 존중하느냐 안 하느냐에 따라 그 사회의 운명이 결정되었던 것입니다.(김대중, 「인간 김대중의 역정과 비전」, 〈철학과 현실〉 1993년 겨울, 100쪽)

★ 다음의 각 글로 합의하거나 하고 싶은 주장은 무엇인가? 그 이유는?

38. 옛날 은(殷)나라 주(紂) 임금은 상아(象牙) 젓가락을 사용했는데 이를 본 기자(箕子)라는 신하가 머지않아 은나라에 큰 화가 닥칠 것을 예상했다. 한비(韓非)는 이에 대해 유추하기를 "상아 젓가락을 쓰면 음식을 담는 그릇은 옥(玉)으로 만들어야 하고, 옥그릇과 상아 젓가락을 사용하면 음식도 고급스러워야 하므로 코끼리고기, 표범 내장 등 진미의 성찬을 준비해야 한다. 먹는 것이 이처럼 호사스러울 때 입는 옷도 사는 집도 지금 수준으로는 만족할 수 없다. 비단 옷을 걸치고 보다 호화로운 궁궐에서 살지 않으면 균형이 맞지 않는다."는 기록을 남겼다.(최병연, 「창밖 세상」, 무등일보, 1999. 1. 5.)

39. 한 노파가 땅바닥에 뒹굴고 있는 빈 술항아리를 발견했다. 전에는 거기에

가득 들어 있던 값비싼 포도주가 이제는 한 방울도 남아 있지 않았다. 그래도 역시 그 술항아리는 곁을 지나가는 사람들에게 좋은 냄새를 풍겼다. 노파는 되도록 술항아리 가까이 코를 갖다 대고 열심히 킁킁 냄새를 맡으며 소리쳤다. "훌륭한 술항아리여! 남은 찌꺼기조차 이렇듯 맛있는 냄새를 풍기니, 옛날에 네 안에 들어 있던 것은 얼마나 훌륭했을까!"(『이솝 우화』에서)

((길 잡 이))

1. 신랑을 살해한 건 앞지르기 경쟁을 하다가 말다툼하는 과정에서 감정이 폭발하여 행해진 비이성적 행위이다. 반면에 신부를 살해한 건 신랑을 죽인 사실을 감추기 위해 행한, 이성적이지만 정당화될 수 없는 행위이다.

2. 여우는 사자가 진실을 말해도 잡아먹고 거짓말을 해도 잡아먹는 것을 보고, 사자가 '진실 놀이'를 하는 것이 아니라 동물들을 잡아먹기 위한 '구실 찾기 놀이'를 한다는 것을 간파하고 사자에게 잡아먹힐 구실을 주지 않는 대답을 하였다. 여우는 이처럼 놀이의 성격에 적절하게 대응할 줄 알았다는 점에서 현명하다.

3. 사무엘 베케트를 찌른 뒤 만일 "모르겠는데요."고 대답한 청년의 말이 진실이라면, 죄를 묻는 대신 정신과 치료를 받도록 해야 한다. 그러나 만일 "모르겠는데요."라는 말이 거짓이라면 그의 행위는 유죄이다. 따라서 "모르겠는데요."라는 청년의 말이 진실인지 아닌지를 가리는 게 관건이 된다.

4. 예컨대 파리는 논리의 산물이 아니다. 파리는 인간이 논리적 판단으로 만들어 낸 것이 아니라 자연 법칙에 따라 존재하는 것이기 때문이다.

5. 양치기 소년은 '진실성의 원칙'에 따라 행동하지 않았기 때문에 곤경에 빠졌다.

6. 마나님은 다음과 같은 추리를 하고 거위의 배를 갈랐다.

174

저 거위는 매일 황금알을 낳는다.

∴ 저 거위의 뱃속에는 아마도 여러 개의 황금알이 들어 있을 것이다.

그러나 마나님이 조금만 비판적으로 사고했더라면 거위의 배를 가르지 않았을 것이다. 마나님의 추리는 부당하다. 전제를 받아들이더라도 결론을 받아들일 필요가 없기 때문이다.

설사 거위의 뱃속에 황금알이 들어 있다고 생각하더라도 몇 개나 들어 있을 것인가를 예상했어야 했다. 거위알의 크기로 보아 기껏해야 10개 정도일 것이다. 그렇다면 마나님은 10개 정도의 황금알을 얻기 위해 매일 황금알을 낳는 거위를 죽여도 되는지를 비판적으로 검토해 보았어야 했다.

7. 지갑 속에 3만 원밖에 들어 있지 않았다는 소매치기 용의자의 말과, 지갑 속에 20만 원을 넣어 두었다는 지갑 주인의 말은 모두 입증되어야 할 주장들이다.

8. "우리 그레데 사람들은 언제나 거짓말쟁이이고 몹쓸 짐승이고 먹는 것밖에 모르는 게으름뱅이이다."라는 에피메니데스의 말은 모순된다. 그 자신이 그레데 사람이기 때문이다. "그레데 사람들은 언제나 거짓말을 한다."는 에피메니데스의 말이 참이라면, 이 말은 거짓이다. 그러나 이 말이 거짓이라면, 이 말은 참이다.

9. **가설 추리**

마술사의 모자에서 비둘기가 나왔다.

∴ 마술사가 "앗!" 하고 소리쳤다.

10. **가설 추리**

안과 병원을 찾는 환자들이 늘고 있다.

∴ 공기 오염이 심해지고 있다.

11. 가설 추리

동리 사람들이 나더러 '과부의 딸'이라고 부른다.

남들은 다 아버지가 있는데, 나만 아버지가 없다.

∴ '과부의 딸'은 홀어머니의 딸이다.

12. 귀납 추리

한치못이 만들어지게 된 이야기

∴ 아무리 큰 일이라도 조금씩 힘을 합치면 쉽게 이룰 수 있다.

13. 논증이 없다. ("스스로 반성하는 사람과 남을 원망하는 사람의 차이는 하늘과 땅처럼 멀다."를 결론으로 한 연역 추리로 여길 수도 있으나, 이 주장이 본문의 핵심 주장이 아니기 때문에 논증이 없는 것으로 보는 편이 더 적절하다.)

14. 논증이 없다.

15. 귀납 추리

살인범은, 다섯 살경에 음란물을 본 이후 그때 본 장면이 자신의 머릿속을 사로잡아 다른 생각을 하기 어려웠고, 늘 음란한 생각 속에 살다가 엽기적 살인마가 되었다.

∴ 성인들의 경우 아무렇지도 않게 볼 수 있는 〈플레이보이〉나 〈펜트하우스〉 같은 것이 어린아이들에게는 커다란 충격이 될 수 있다.

16. 가설 추리

우리들이 미칠 듯이 간청해도 신은 비도 햇빛도 우리에게 내려 주시지 않는데, 생각하면 할수록 마음이 괴로워지는 그 시절은 그래도 매우 성스러웠다.

∴ 나는 참을성 있게 성령을 기다리며, 신이 내게 베풀어 주시는 기쁨을 마음속으로 감사하면서 받아들였다.

17. 유비 추리

천체의 구조와 원자 구조는 유사하다.

천체는 별과, 별의 둘레를 공전하는 행성으로 이루어져 있다.

∴ 원자는 원자핵과 그 주위를 도는 전자들로 구성되어 있다.

18. 유비 추리

당장의 쓸모만 전제하여 열매나 나무둥치는 찬양하면서도 낙엽이 되고 마는 나뭇잎은 하찮게 여기는 것과, 흔히 몇 안 되는 역사적 위인만을 찬양하고 무명의 다수와 그들의 헌신에 대해서는 하찮게 여기는 것은 유사하다.

해마다 나무둥치와 열매를 키워 주는 노력은 나뭇잎도 담당하기 때문에, 나뭇잎을 하찮게 여겨서는 안 된다.

∴ 시대와 사회의 발전을 이룩하는 노력은 무명의 다수도 담당하기 때문에, 무명의 다수와 그들의 헌신을 하찮게 여겨서는 안 된다.

19. (1)-(2)는 가설 추리, (2)-(3)은 귀납 추리, (3)-(4)-(5)는 연역 추리이다.

(1) 동굴 속으로 들어간 동물들의 발자국은 많은데 밖으로 나온 발자국은 하나도 없다.

∴ (2) 지금까지 동굴 속으로 들어간 동물들은 모두 사자에게 잡아먹혔다.

∴ (3) 동굴 속으로 들어가는 동물들은 모두 사자에게 잡아먹힐 것이다.

(4) 만일 (3)이 참이라면, 나도 들어가면 잡아먹힐(나오지 못할) 것이다.

∴ (5) 나도 들어가면, 잡아먹힐(나오지 못할) 것이다.

20. 결론: 약간의 근심, 고통, 고난은 항시 누구에게나 필요한 법이다.

유비 추리로서, 연역적으로는 부당하다.

21. 결론: 신화는 역사적인 의미가 있다.

타당한 연역 추리이다.

22. 결론: 아무리 훌륭한 민주 정치 제도를 갖추고 있다 할지라도, 제도를 실제로 운영

하는 정치 지도자의 헌정 수호 의지와 성숙된 민주 시민 의식을 지닌 국민들의 적

극적인 참여가 없다면 민주주의는 실현될 수 없다

귀납 추리로서, 연역적으로는 부당하다.

23. 결론: 맑고 깨끗하여 부정(不淨)이 없는 자연을 닮으려는 심성이야말로 한국인들의

순수한 기질이다.

가설 추리로서, 연역적으로는 부당하다.

24. 결론: 재물은 기피해야 하는 악의 본질이다.

부당한 연역 추리이다.

25. "술맛이 몹시 시다."

26. "금은으로 사방에 벽을 쌓고 살지 말자."

27. 다음과 같이 다섯 가지의 추리가 들어 있다.

가. 권 판서의 연역 추리

팔이 내 방안에 들어와 있다 해도 네 몸에 붙어 있다.

몸체에 붙어 있는 것은 몸체의 것이다.

∴ 이 팔은 너의 것이다.

나. 권 판서의 연역 추리

저 감나무 가지는 내 집 담 너머로 뻗어 나왔지만 너의 집에 뿌리를 내린 감나무
에 붙어 있다.

몸체에 붙은 것은 몸체 것이다.

∴ 저 감나무 가지는 너의 것이다.

다. 오성의 연역 추리

저 감나무 가지는 우리 것이다.

대감의 하인들이 우리 집 하인들에게 감을 못 따게 한다.

우리 감을 우리 집 하인들이 따지 못하게 막는 것은 잘못이다.

∴ 대감의 하인들이 우리 집 하인들에게 감을 못 따게 하는 것은 잘못이다. (그런데
왜 못 따게 합니까?)

라. 권 판서의 연역 추리

내 하인들이 너의 집 하인들에게 감을 못 따게 하는 것은 잘못이다.

그러나 이것은 하인들의 일이다.

나의 일과 하인들의 일은 별개의 것이다.

∴ 이것은 나의 일이 아니다.(나는 잘 몰랐구나.)

마. 덕형의 유비 추리

대감의 손이 대감의 것이듯 대감의 하인들은 대감의 것이다.

만일 대감의 손이 무엇을 잘못했으면, 그것은 대감이 잘못한 일이다.

∴ 만일 대감의 하인들이 무엇을 잘못했으면, 그것은 대감이 잘못한 일이다.

28. 다음과 같이 네 개의 추리가 들어 있다.

가. 가설 추리

주둥이가 노랗고 머리에 솜털이 난 한 마리의 어린 참새가 둥지에서 떨어져 겨우 생긴 듯 만 듯한 작은 날개를 힘없이 벌리고 가만히 있었다.

나의 개는 작은 참새 쪽으로 천천히 다가가고 있었다.

가슴팍이 검은 참새 한 마리가 가까운 나무에서 뛰어내리듯 날아와서, 개의 코 밑 바로 옆에 돌덩이처럼 쓰러지듯 넘어졌다. 이 참새는 온몸의 털을 곤두세우고, 몸을 바싹 당기어 절망적이고 가련하게 삐이삐이 소리를 지르며 이를 드러내고, 크게 벌린 개의 주둥이를 향해서 두 번씩이나 뛰어올랐다.

∴ 어미 참새가 제 새끼를 구하려고 자기 몸을 던졌다.

나. 가설 추리

트레졸은 발을 멈추고 뒷걸음질쳤다.

∴ 트레졸은 의지보다 강한 모성애의 힘을 알아챘다.

다. 연역 추리

나는 어리둥절해하는 개를 급히 불러, 경건한 마음으로 그 자리를 떠났다.

그처럼 작고 영웅적인 새의 열정에 넘치는 사랑에 대해 내가 갖게 된 그 '경건한 마음'은 웃어넘길 일이 아니다.

∴ 내가 급히 개를 불러 그 자리를 떠난 일에 대해 웃어서는 안 된다.

라. 귀납 추리

어미 참새가 제 새끼를 구하려고 자기 몸을 던졌다.

∴ 사랑은 죽음과 공포보다도 굳세며, 사랑만이 생활을 지탱하며 생활을 향상시킨다.

29. 이 논증은 다음과 같이 재구성된다.

새로운 물을 만들어 낼 수는 없다.

∴ 지금 우리가 물을 더럽히면, 우리는 물론, 우리의 후손들까지도 더러워진 물을 쓸 수밖에 없다

부당한 연역 추리이다. 전제를 받아들이더라도 결론을 받아들일 필요가 없기 때문이다. 우리는 물을 사용하는 과정에서 물을 더럽힐 수밖에 없다. 물을 사용한다는 것 자체가 물을 더럽히는 것이라고 할 수 있다. 그러나 더럽혀진 물을 방류하기 전에 정화를 하면 된다. 더구나 자연은 자정 능력을 갖고 있다. 그래서 비록 새로운 물을 만들어 낼 수는 없다고 해도 후손들이 우리가 더럽힌 물을 그대로 쓸 수밖에 없다고 생각하는 것은 잘못이다.

이 논증은 '물을 더럽히지 말아야 한다.'는 교훈을 주기 위한 것으로는 너무 안일하다. 위에서 지적된 점들을 고려하여, 어쩔 수 없이 물을 더럽히더라도 정화하지 않고 그대로 방류하는 행위의 잘못을 지적했어야 했다.

30. 이 논증은 다음과 같이 재구성되는 유비 추리이다.

> 배와 선원의 관계는 가정과 가족 구성원과의 관계와 유사하다.*
> 배가 난파당하지도 않고 풍랑에 표류하지도 않으면서 항해를 계속할 수 있으려면, 무엇보다 배에 타고 있는 선원들이 각자 맡은 바 임무를 제대로 수행해 내야 한다.
> ∴ 우리의 가정이 화목하고 행복해지기 위해서는 가족 구성원 모두의 역할이 서로 조화를 이루면서 수행되어야 한다.

배와 가정의 유사성이 본질적이고, 배의 구성원의 역할과 가족 구성원의 역할이 각각 배와 가정의 안전과 행복에 본질적으로 들어맞기 때문에 받아들일 수 있는 유비 추리이다.

31. 당나귀는 다음과 같은 유비 추리를 하였다.

> 귀뚜라미와 나(당나귀)는 둘 다 생명체라는 점에서 유사하다.
> 귀뚜라미는 이슬만 먹는데 노래를 잘 한다.
> ∴ 나도 이슬만 먹으면 노래를 잘 할 것이다.

귀뚜라미와 당나귀가 생명체인 점에서는 유사하지만, 생명을 유지하는 방식에서 큰 차이가 있고, 이 점이 결론을 얻는 데 중요하기 때문에 이 유비 추리는 잘 못된 것이다.

32. 이 글의 필자는 다음과 같이 재구성되는 가설 추리를 하고 있다.

사람은 여러 사람과 더불어 살면서 남에게 손해를 끼치고 고통을 가한다.

∴ 사람은 이기심을 가지고 있다.

이 가설 추리는 받아들일 수 없다. 무엇보다도 정합성이 낮기 때문이다. 사람들이 이기심 때문에 서로 손해를 끼치고 고통을 주는 것은 사실이지만, 그 모든 것을 이기심 때문이라고 볼 수는 없다. 이기심은 생존을 위한 인간의 본능이다. 따라서 이기심 자체를 문제의 원천으로 생각하는 것은 잘못이다. 문제는 이기심이 아니라 '큰 우리의 이익' 대신 '작은 나의 이익'을 추구하는 반사회적이고 소인배적인 가치관에 있을 것이다. 또한 사람들은 세계관과 가치관이 다르다는 이유만으로 서로에게 위해를 가하기도 하며, 잘못된 제도가 불필요한 갈등을 양산하고 불가피한 갈등마저 증폭시키기도 한다.

33. 이 논증은 1차적으로 다음과 같이 재구성된다.

(1) 아무것도 안 하는 것은 살아 있지 않다는 증거이다.

(2) 악을 행하는 것은 적어도 살아 있다는 증거이다.

(3) 살아 있는 것이 살아 있지 않는 것보다 더 좋다.

∴ (4) 아무것도 안 하는 것보다는 차라리 악을 행하는 것이 낫다.

이렇게 재구성된 논증은 타당한 연역 추리이다. 그러나 문제가 되는 것은 결론이다. 우리는 살인 등의 반사회적 행위를 한 사람을 사형시키거나 감옥에 가둠으로써 사회인으로서의 자격을 박탈하기 때문이다.

타당한 논증의 결론으로 받아들일 수 없으면 전제들 중 적어도 하나에 문제가 있다는 뜻이다. 어떤 전제에 문제가 있을까? (1)을 의심해 볼 수 있다. 아무것도 안 하는 것이 반드시 살아 있지 않다는 증거라고 할 수는 없다. 아무것도 안 하는 것은 그 자체로 살아 있다는 증거일 수 있다. 간디의 무저항 운동은 저항 운동보다 더 큰 효과를 발휘했고, 영국을 굴복시켰다. (2)도 문제될 수 있다. 악을 행하는 것은 죽지 않고 살아 있다는 증거는 될 수 있지만, '살아 있는 정신'을 가졌다는 증거는 못 된다. '살아 있다'는 것을 어떻게 생각하느냐에 따라 평가가 달라짐을 알 수 있다.

엘리엇은 '살아 있다'는 것을 후자의 의미로 사용한 게 분명하다. 이 논증에서 그가 악행을 찬양하고 있다고 보는 것은 잘못이기 때문이다. 그는 오히려 사회 부조리 등의 악행에 맞서서 행동할 줄 모르는 사람들을 질타하고 있는 게 아닐까? 이런 맥락으로 논증을 다시 재구성하면 다음과 같다.

(5) 악행을 보고도 아무것도 안 하는 것은 살아 있는 정신을 가지고 있지 않다는 증거이다.

(6) 악을 행하는 것은, 살아 있는 정신을 가지고 행동한다는 증거는 아니지만, 적어도 죽지 않고 살아 있다는 증거는 된다.

(7) 살아 있는 정신을 가지고 행동하지 않은 것은, 살아 있는 정신은 가지고 있지 않지만 살아 있는 것보다 더 나쁘다.

∴ (8) 살아 있는 정신을 결여한 채 아무 행동을 하지 않는 것은 악을 행하는 것보다 나쁘다.

이렇게 재구성된 논증은 타당하고, 전제들 모두가 높이 정당화된다. 따라서 논증은 건전하고, 우리는 그 결론을 받아들일 수 있다.

34. 서필은 다음과 같이 재구성되는 유비 추리로 왕에게 간했다.

공자의 마구간에 불이 난 상황과 왕의 말이 죽은 상황은 유사하다.*

공자는 마구간에 불이 난 일에 대해 책임 추궁을 하지 않고, 즉 말에 대해서는 한 마디도 하지 않고 오히려 다친 사람이 없느냐고 물었다(말보다는 사람이 중하기 때문에 그런 것이다).

∴ 왕도 공자처럼 말을 담당한 관리의 책임을 추궁하지 않고 용서하는 것이 좋다.

이 유비 추리는 받아들일 수 있다. 왕도 이 유비 추리에 설득되어 담당 관리를 용서한 것이다.

35. 이 글의 필자는 다음과 같이 재구성되는 유비 추리를 하고 있다.

(1) 나무가 자라는 것과 사람이 자라는 것은 유사하다. 어릴 때 곧게 자란 나무는 커서도 곧은 나무가 되지만, 어릴 때부터 휘어진 나무는 커서도 구부러진 나무가 된다. 곧게 자란 나무는 집을 지을 때 꼭 필요한 재목으로 쓰이지만, 구부러지고 멋대로 휘어진 나무는 땔감으로 사라져 버린다. 마찬가지로 사람도 어릴 때부터 곧게 자란 아이는 커서도 곧은 사람이 되지만, 어릴 때부터 문제가 있는 아이는 커서도 문제 어른이 된다. 곧게 자란 어른은 사회를 위해 꼭 필요한 사람으로 쓰이지만, 문제 어른으로 자란 사람은 사회에서 격리된다.

(2) 곧게 자란 나무가 되기 위해서는, 묘목부터 곧은 나무여야 한다.

∴ (3) 곧은 사람이 되기 위해서는, 중학교 시절부터 자신의 생각과 행동을 바로잡아야 한다.

일견 이 유비 추리는 받아들일 수 있을 것 같다. 그러나 나무가 자라는 것과 사람이

185

자라는 것의 유사성이 높지 않다는 점에 유의해야 한다. 식물의 경우 대개 콩 심은 데 콩 나고 팥 심은 데 팥 난다. 그러나 사람은 어린 시절의 품성이 어른이 될 때까지 유지되지 않는 경우가 많다. 만일 전제 (1)이 참이라면, 개천에서 용이 나는 일이나 쓰레기통에서 장미꽃이 피는 일은 없을 것이다.

이 글의 필자는 청소년들의 생각과 행동을 바로잡기 위해 나무의 예를 유비로 이용한 듯하다. 그러나 이미 눈 밖에 난 행동을 하는 문제아가 이 글을 읽는다면 어떻게 생각할까? "그러니까 나는 이미 인생 종쳤다는 말이군!"하고 낙망하지 않을까?

착한 청소년들에게 도덕적 충고는 불필요하다. 정작 도덕적 충고가 필요한 대상은 빗나간 행동을 하는 청소년들이다. 그리고 그들에게 적절한 충고는 지금이라도 마음을 다잡고 노력하면 훌륭한 사람이 될 수 있다는 용기를 주는 것이어야 할 것이다.

36. 시종이 초왕에게 바쳐진 불사약을 먹고도 죽임을 당하지 않고 용서받게 된 것은 다음과 같이 재구성되는 논증을 제시하였기 때문이다.

> (1) 나는, "그건 먹어도 되는 것인가?"라는 나의 물음에 "먹을 수 있습니다."라는 안내인의 말을 듣고, 약을 먹었다.
>
> ∴ (2) 나에게는 죄가 없고 안내인에게 죄가 있다.
>
> (3) 만일 왕이 '불사약'이라고 하는 약을 먹은 나를 죽이면, '불사약'이라고 하는 약은 불사약이 아니라 사약이다.
>
> (4) 만일 '불사약'이라고 하는 약이 불사약이 아니라 사약이라면, 왕은 속았다.
>
> (5) 만일 왕이 속았다면(그래서 소문이 천하에 퍼지면), 왕은 창피를 당하게 된다.
>
> (6) 왕은 창피를 당해서는 안 된다.
>
> ∴ (7) 왕은 나를 죽여서는 안 된다.

연역적으로는 타당한 논증으로 보인다. 언뜻 보기에 전제들도 문제가 없는 듯하다. 그러나 좀더 깊이 생각해 볼 필요가 있다.

우선 논증 (1)-(2)에서 시종은 말장난을 하고 있다. "먹을 수 있습니다."라고 한 안내인의 말은 '먹지 못할 것이 아닌, 먹을 수 있는 것입니다.'의 뜻이다. 그런데 시종은 그 말을 '당신이 먹어도 되는 것입니다.'의 의미로 재정의하여 결론을 내리고 있다. 따라서 논증 (1)-(2)는 은밀한 재정의의 오류를 범하고 있는 부당한 논증이다. '은밀한 재정의의 오류'란, 말의 의미를 자의적으로 바꾸어 추리하는 오류를 가리킨다. 논증(3)-(7)은, 그 자체로는 문제가 없지만, 완전한 논증이 아니라는 점에 유의해야 한다. 시종이 말하지 않은 부분을 보완하여 논증을 재구성하면 다음과 같다.

(a) 왕은 '불사약'이라고 하는 약을 먹은 나를 죽이든지 죽이지 않을 것이다.

(3) 만일 왕이 '불사약'이라고 하는 약을 먹은 나를 죽이면, '불사약'이라고 하는 약은 불사약이 아니라 사약이다.

(4) 만일 '불사약'이라고 하는 약이 불사약이 아니라 사약이라면, 왕은 속았다.

(5) 만일 왕이 속았다면(그래서 그 말이 천하에 퍼지면), 왕은 창피를 당하게 된다.

(6) 왕은 창피를 당해서는 안 된다.

∴ (7) 왕은 나를 죽여서는 안 된다(왕은 나를 죽여야 하는 것이 아니다).

(b) 만일 왕이 '불사약'이라고 하는 약을 먹은 나를 죽이지 않으면, '불사약'이라고 하는 약은 진짜 불사약일 수 있다.

(c) 만일 '불사약'이라고 하는 약이 진짜 불사약일 수 있다면, 나는 진짜 불사약일 수 있는 왕의 약을 먹은 중죄인이다.

(d) 만일 내가 진짜 불사약일 수 있는 왕의 약을 먹은 죄인이고, 왕이 이런 죄인

을 죽이지 않는다면, 왕은 창피를 당하게 된다.

∴ (e) 왕은 나를 죽여야 한다.

∴ (f) 왕은 나를 죽여야 하든지 죽여야 하는 것이 아니다.

우리는 이 논증이 (a)와 같은 동어 반복적 딜레마에서 시작하여 (f)와 같은 동어 반복적 결론을 산출하고 있음을 알 수 있다. 이럴 경우 왕은 어떻게 해야 할까? 만일 왕이 현명했더라면, 그는 이 논증을 무시하고 처벌 여부를 판단하였을 것이다. 동어 반복적 주장은 어떤 경우에도 참인 주장으로서, 실질적으로는 아무런 주장도 하지 않는 무의미한 주장이기 때문이다. 그러나 왕은 이 가짜 딜레마에서 "왕은 나를 죽여서는 안 된다."는 결론을 도출시키는 논증에 설득되어 시종을 문책하지 않았다.

그렇지만 왕은 불사약이 존재한다고 믿을 정도로 현명함과는 거리가 멀었다. 불사약이 존재한다고 가정하면, 문제의 약이 진짜 불사약인지 아닌지가 중요한 이슈가 된다. 그러나 불사약이 존재하지 않는다고 가정하면 왕에게 '불사약'이라고 바치는 일도 없을 것이고, 그런데도 가짜 불사약을 바치는 자가 있다면, 왕을 속인 죄로 큰 벌을 받게 될 것이다.

여기서 우리는 왕에게 충성을 다하는 시종의 입장에서 생각해 볼 필요가 있다. 시종이 불사약 같은 것은 없다고 확신할 경우 어떻게 해야 할까? 그는 불사약의 존재를 믿는 왕이 사기꾼의 속임수에 넘어가는 것을 막아야 한다고 생각했을 것이다. (속임수에 넘어가면, 왕은 창피를 당할 것이다.) 그래서 그는 일단 가짜 불사약을 들고 가는 안내인에게 "그건 먹어도 되는 것인가?"라는 물음을 던져 가짜 약을 먹을 수 있는 구실을 만들고, 불사약의 존재를 가정할 경우 벌어질 수 있는 딜레마 상황 중 "왕은 나를 죽여서는 안 된다."는 결론을 내는 부분만을 고하여, 왕의 진노를 피한 것으로 볼 수 있다.

그러나 시종이 충신도 아니고 불사약의 존재를 믿는 자라면? 이 경우 그는 엉터리 논증으로 왕을 속여 불사약을 가로챈 것이다. 그러나 아무리 불사약이 탐난다 해도 이렇게 간 큰 속임수를 왕에게 쓸 생각을 하는 것은 쉽지 않을 테고, 더구나 위와 같은 논증을 전개시킬 정도로 사고력이 있는 신하가 불사약의 존재를 믿는다고 생각하는 것은 앞뒤가 맞지 않는다. 따라서 시종이 충신도 아니고, 불사약의 존재를 믿고 있을 가능성은 희박하다 하겠다.

우리는 이 논증의 분석을 통해서, 현명한 충신이 현명하지 않은 왕을 잘 모시기 위해서는 엉터리 논증도 이용할 줄 알아야 한다는 것을 알게 된다.

37. 이 글의 필자는 다음과 같은 귀납 추리를 하고 있다.

> 마르크스가 「공산당 선언」을 발표한 1848년 이후 150년 동안 공산주의 내지 사회주의와 자본주의가 대결을 하였는데, 자본주의 중에서도 민주주의를 허용하지 않은 히틀러의 독점 자본주의와 일본의 군국주의적 독점 자본주의는 모두 패배했고, 사회주의 중에도 민주주의를 허용한 스칸디나비아 사회주의라든가, 영국 노동당, 불란서의 사회당, 독일의 사회민주당, 심지어 오스트레일리아와 뉴질랜드의 사회당 등은 다 성공했습니다.
>
> ∴ 민주주의를 받아들인 자본주의와 사회주의는 성공했고, 민주주의를 받아들이지 않은 자본주의와 사회주의는 실패하였다.
>
> ∴ 사회 구성원 하나하나의 자아와 자율을 존중하느냐 안 하느냐에 따라 그 사회의 운명이 결정되었다.

이 귀납 추리는 받아들일 수 있다. 정합성이 높고, 긍정적 증거들이 많고, 민주주의가 자율성을 추구하는 인간의 본성에 호응하는 체제이기 때문이다.

38. 기자의 말은 "상아 젓가락 하나로 인해 천하는 온통 사치와 낭비의 바다가 될 것이다."는 것을 다음과 같은 연역 추리로 함의한다. (결국 은나라는 망했고 주왕은 몰락했다.)

> 만일 임금이 상아 젓가락을 쓰면 음식을 담는 그릇은 옥(玉)으로 만들어야 한다.
> 만일 옥그릇과 상아 젓가락을 사용하면, 음식도 고급스러워야 하므로 코끼리고기, 표범내장 등 진미의 성찬을 준비해야 한다.
> 만일 먹는 것이 이처럼 호사스러우면, 입는 옷도 사는 집도 지금 수준으로는 만족할 수 없다.
> 만일 비단옷을 걸치면, 보다 호화로운 궁궐에서 살아야 한다.
> ∴ 만일 임금이 상아 젓가락 하나를 사용하면, 천하는 온통 사치와 낭비의 바다가 될 것이다.

39. "삶이 다하기 전에 그 삶을 알차게 향유할 수 있어야 한다."는 것을 다음과 같은 유비 추리를 이용하여 말하고 있다.

> 옛날 그 항아리에는 훌륭한 포도주가 가득했겠지만, 이제는 텅텅 비어 그 맛을 볼 수가 없다. 마찬가지로 우리의 삶도 지나고 나면 향유할 수가 없다.
> 술을 즐기려면 술항아리가 비기 전에 즐겨야 한다.
> ∴ 삶이 다하기 전에 그 삶을 알차게 향유할 수 있어야 한다.

비판적 사고를 깨우는 **논리 이야기 1. 기초편**

어찌 이방이 사또를 치리오

2004년 11월 10일 1판 1쇄
2023년 3월 20일 1판 16쇄

지은이 김광수
그린이 정우열

기획 이권우   **편집** 정은숙   **디자인** 윤지현
제작 박흥기   **마케팅** 이병규, 이민정, 최다은, 강효원   **홍보** 조민희
출력 블루엔   **인쇄** 천일문화사   **제본** J&D바인텍

펴낸이 강맑실   **펴낸곳** (주)사계절출판사   **등록** 제406-2003-034호
주소 (우)10881 경기도 파주시 회동길 252
전화 031)955-8558, 8588   **전송** 마케팅부 031)955-8595 편집부 031)955-8596
홈페이지 www.sakyejul.net   **전자우편** skj@sakyejul.com
블로그 blog.naver.com/skjmail   **트위터** twitter.com/sakyejul   **페이스북** facebook.com/sakyejul

ⓒ 김광수, 2004

ISBN 978-89-5828-043-9 43170